ANGELIKA
SCHWALBER

PRALINEN

DIE HOHE KUNST DER KLEINEN LECKERBISSEN

ANGELIKA
SCHWALBER

PRALINEN

DIE HOHE KUNST
DER KLEINEN LECKERBISSEN

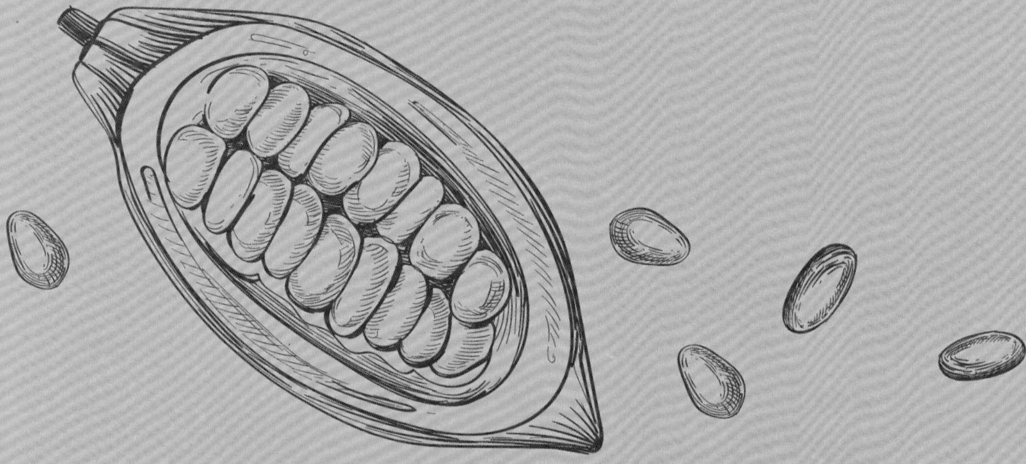

INHALT

Liebe Pralinen-Fans,

im Laufe meines Berufslebens als Konditorin habe ich das Arbeiten mit Schokolade für mich entdeckt – es macht unheimlich viel Spaß. Das Faszinierende daran ist, dass Schokolade flüssig, weich und fest verarbeitet und gegessen werden kann. Es gibt für mich kein Lebensmittel, das so vielseitig ist: verzaubert mit Früchten, Nüssen, Blütenblättern, Salz, Gewürzen und vielem mehr, verarbeitet zu Pralinen, Mousse oder Eis – wahre Kunstwerke lassen sich daraus herstellen.

Am spannendsten für mich ist das Kreieren von Pralinen und Konfekt. Es gibt so viele Möglichkeiten und der Fantasie sind keine Grenzen gesetzt. Auch meine Töchter finden Pralinenmachen toll und lieben es, mir zu helfen. Vor allem, da immer genascht und probiert werden kann. Für dieses Buch habe ich viele neue Pralinenrezepte kreiert, ganz viele davon sind auch für Einsteiger problemlos machbar. Denn es gibt dazu viele handwerklich Anleitungen sowie wichtige Tipps und Tricks, mit denen die Herstellung von Pralinen leicht gelingt.

Pralinen machen glücklich. Man kann sie, finde ich, jeden Tag und zu jeder Tages- und Nachtzeit essen. Wer will, kann sich damit zwischendurch eine kleine Auszeit gönnen oder, was ich am liebsten mag, sich nach einem anstrengenden Tag ein Glas Wein einschenken und dazu eine zart schmelzende, natürlich selbst gemachte Praline genießen. Das ist herrlich!

Ich hoffe, dass Sie die Leidenschaft für das Pralinenmachen genauso packt wie mich und Sie in meinem Buch das ein oder andere Rezept finden, das Sie zum Nachmachen, Verschenken und Vernaschen verführt.

Viel Spaß dabei!

KLEINER PRALINENKURS

Hier lernen Sie alles kennen, was für das Gelingen feiner Pralinen von Bedeutung ist: die wichtigsten Zutaten, die richtige Ausstattung, Tipps und Tricks sowie alle Grundtechniken mit Schritt-für-Schritt-Anleitung.

Die wichtigsten Zutaten

Kuvertüre
Kuvertüre wird aus Kakaobohnen hergestellt und enthält mehr Kakaobutter als andere Schokolade. Deshalb ist sie nach dem Schmelzen flüssiger, lässt sich gleichmäßiger verarbeiten und eignet sich gut für die Pralinenherstellung. Weiße, Vollmilch- und Zartbitterkuvertüre bekommt man in Blöcken oder praktischen kleinen Plättchen, auch Callets genannt, die nicht gehackt werden müssen. Die Auswahl im Fachhandel ist groß, ebenso die Bandbreite der Qualitäten. Am besten mehrere Sorten ausprobieren. Welche Unterschiede es gibt und worauf es bei Kuvertüre ankommt, steht auf Seite 159.

Hohlkugeln und Hohlkörper
Die leckeren Pralinenhüllen zum Befüllen kann man aus weißer, Vollmilch- und Zartbitterkuvertüre in Lagen mit 63 Stück über verschiedene Anbieter im Internet bestellen. Eine kleine Warenkunde sowie Bezugsadressen finden Sie ab Seite 158.

Kakaobutter
Kakaobutter kauft man in kleinen Plättchen. Sie wird in geringen Mengen zur Verfeinerung von Pralinenfüllungen verwendet. Sie sorgt auch dafür, dass Kuvertüre flüssiger wird.

Sahne und Butter
Sie machen Füllungen cremig und müssen unbedingt absolut frisch sein. Also immer erst kurz vor der Verwendung öffnen, denn sie nehmen leicht andere Aromen aus dem Kühlschrank an. Zudem verlängert sich die kurze Haltbarkeit von Pralinen, wenn Sahne und Butter für die Füllungen frisch sind.

Nüsse, Kerne, Gewürze und Kräuter
Auch hier ist sehr wichtig, dass sie frisch sind. Alte Nüsse und Kerne schmecken muffig, alten Gewürzen und Kräutern fehlt das Aroma. Daher immer vor dem Verwenden daran riechen und das Haltbarkeitsdatum prüfen. Kurzes Anrösten in einer Pfanne ohne Fett intensiviert das Aroma von Nüssen und Kernen. Von frischen Kräutern nur makellose Blätter verwenden und nach dem Säubern gründlich abtrocknen.

Beeren und Früchte
Trockenfrüchte, wie Rosinen, Aprikosen oder Cranberrys, aromatisieren feine Pralinenfüllungen. Frische Beeren oder andere Früchte lassen sich, ebenfalls für leckere Füllungen oder für Konfekt, zu köstlichem Püree verarbeiten: aufkochen, pürieren, durch ein Sieb streichen, fertig. Gefriergetrocknete Früchte und Beeren verzieren fertige Pralinen.

Liköre und Co.
Ob Amaretto, Cointreau®, Rum oder Whisky – feine Spirituosen verleihen Pralinenfüllungen ihren unverwechselbaren Geschmack und erhöhen die Haltbarkeit.

Farben zum Verzieren
Mit fettlöslichen Lebensmittel- bzw. speziellen Schokoladenfarben (pulverförmig oder flüssig erhältlich) lassen sich weiße Kuvertüre färben und Pralinen verzieren. Bezugsadressen im Internet finden Sie auf Seite 158.

BESTE QUALITÄT

Für Pralinen braucht man einige spezielle Zutaten, bei denen Qualität entscheidend ist. Nur aus hochwertigen und frischen Zutaten werden edle Pralinen.

Das Werkzeug

Schneidebrett, Silikonmatte und Backpapier

Ohne diese drei geht's nicht: Ein großes Schneidebrett dient als stabile und gerade Unterlage für Schnittpralinen und Gelee. Dafür wird es mit einer Silikonmatte oder mit Backpapier und einem Pralinenrahmen belegt. Auch zum Absetzen von in Kuvertüre getauchten Pralinen ist eine Silikonmatte oder Backpapier unerlässlich.

Wasserbad

Kuvertüre wird über dem heißen Wasserbad geschmolzen und temperiert (siehe Seite 18). Dafür braucht man einen kleinen Topf und eine hitzefeste Schüssel, die perfekt auf dem Topfrand sitzt und das Wasser darunter nicht berührt.

Digitales Thermometer

Das empfiehlt sich besonders für Anfänger zum Temperieren von Kuvertüre und ist nötig für das Kochen von Zucker.

Spritzbeutel aus Kunststoff und Papier

Einmalspritzbeutel aus Kunststoff sind praktisch, weil man sie nicht säubern muss. Passende Lochtüllen aus Metall oder Plastik gibt es in verschiedenen Größen und Formen. Tipps für den richtigen Umgang mit dem Spritzbeutel finden Sie auf Seite 23. Für kleine Kuvertüremengen, etwa zum Verschließen von Trüffelhohlkugeln und für filigrane Verzierungen, werden kleine Spritztüten benötigt. Wie man sie aus Pergament- oder Backpapier selbst faltet, steht auf Seite 22.

Pralinenformen

Pralinenformen werden in vielen verschiedenen Materialien und Formen angeboten. Mehr dazu auf Seite 161.
Wichtig: Oft benötigt man mehrere Formen für ein Rezept. Achten Sie auf die angegebene Stückzahl.

Pralinenrahmen

Spezielle Pralinenrahmen für Schnittpralinen und Gelee gibt es online zu bestellen (siehe Seite 158). Es haben sich aber auch eckige Metallstangen aus dem Baumarkt bestens bewährt. Man kann sie in beliebigen Größen auflegen, sie verrutschen nicht und lassen sich gut reinigen.

Pralinengabel und Pralinenspirale

Die Gabel mit zwei oder drei langen, dünnen Zinken benötigt man, um Pralinen in Kuvertüre zu tauchen und anschließend abzusetzen. Die Pralinenspirale ist besonders praktisch für das Eintauchen von runden Trüffelhohlkugeln.

Pralinengitter

Ein Pralinengitter braucht man zum Igeln von Trüffelpralinen.

Kleine Helfer aus der Schublade

Nützlich sind ein Teigschaber, eine Winkelpalette, um Massen glatt zu streichen, ein kleiner Spachtel oder eine Teigkarte, um überschüssige Kuvertüre von der Pralinenform abzuziehen. Mit einem Backpinsel werden Pralinenplatten bestrichen. Ein dünner Pinsel dient zum Auspinseln der Pralinenform mit Farbe oder Kuvertüre und zum Verzieren von Pralinen.

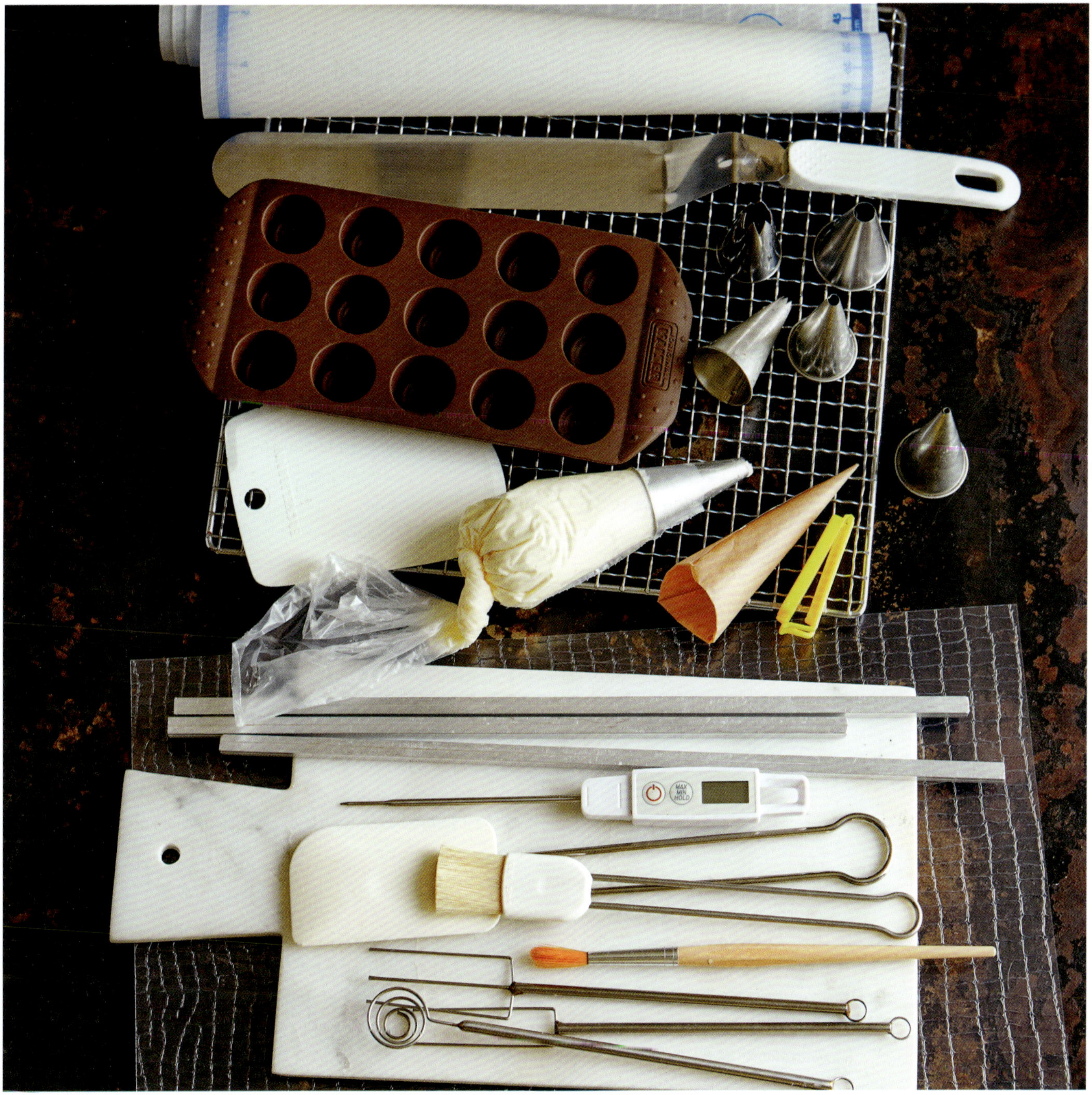

Darauf achten Profis

Haben Sie schon ein Pralinenrezept für sich entdeckt und möchten am liebsten gleich loslegen? Nehmen Sie sich besser vorher noch ein paar Minuten Zeit für ein paar wertvolle Tipps und Tricks, damit die selbst gemachten Köstlichkeiten auch perfekt gelingen.

Top Zutaten – der Garant für echten Genuss

Die Qualität der einzelnen Zutaten ist entscheidend für das Gelingen und den Geschmack der Pralinen. Kaufen Sie nur hochwertige Kuvertüre, verwenden Sie ganz frische Sahne und Butter und achten Sie bei Gewürzen, Nüssen und Co. darauf, dass sie aromatisch duften und nicht muffig sind. Auf den Seiten 158 bis 161 finden Sie jede Menge Infos und Einkaufstipps für gute Pralinenzutaten.

Immer mit der Ruhe – Pralinen brauchen Zeit

Die Herstellung von Pralinen erfordert Zeit. Husch, husch geht hier gar nicht. Ruhe und Konzentration sind ebenfalls gefragt. Wer also nur ein kleines Zeitfenster hat, der verschiebt das Pralinenmachen besser auf einen anderen Tag. Mit ausreichend Zeit dagegen hat die Arbeit durchaus etwas Meditatives. Ganz achtsam im Hier und Jetzt konzentriert man sich auf das Temperieren von Kuvertüre, das Befüllen von Hohlkugeln und Hohlkörpern sowie das Verzieren der Pralinen mit feinen Mustern.

Perfekt temperierte Kuvertüre – ein Muss

Sie denken: Das Temperieren der Kuvertüre können Sie sich sparen? Auf keinen Fall, denn das ist der entscheidende Arbeitsschritt für die Optik und den Genuss der fertigen Pralinen. Das Temperieren sorgt dafür, dass die Kuvertürehülle schön glänzt und beim Reinbeißen herrlich knackt. Beim Temperieren muss Kuvertüre zunächst geschmolzen und erhitzt werden. Dann lässt man sie abkühlen und erwärmt sie danach wieder auf eine bestimmte Temperatur. Die Temperatur hängt dabei von der Sorte ab, Zartbitterkuvertüre braucht mehr Wärme als weiße Kuvertüre. Ein Thermometer ist für Anfänger empfehlenswert, denn Pralinen aus nicht oder nicht perfekt temperierter Kuvertüre sind eher matt, bekommen gerne einen weißen Belag und es fehlt ihnen der Biss.

Pralinen mögen's kühl und dunkel

Pralinen schmecken frisch am besten. Genießen Sie die kleinen Meisterwerke deshalb möglichst innerhalb weniger Tage, besonders wenn die Füllung Sahne und Butter enthält. Füllungen mit Alkohol verlängern die Haltbarkeit. Lagern Sie Pralinen am besten an einem kühlen, dunklen Ort, ideal ist eine Speisekammer, der Kühlschrank ist tabu.

Gut verpackt – perfekt geschützt

Lagern Sie weder die Pralinen zum Aushärten noch die fertigen Pralinen neben stark riechenden Lebensmitteln. Schokolade und Kuvertüre ziehen schnell fremde Gerüche an. Daher immer gut verschlossen und am besten luftdicht aufbewahren.

Pannenhilfe – die besten Tipps & Tricks

Pralinenmachen erfordert Know-how und Übung, und deshalb gelingt vielleicht nicht immer alles gleich auf Anhieb. Manche Makel, wie etwa graue Schlieren auf der Oberfläche, sind nicht mehr auszubügeln, die Pralinen schmecken aber trotzdem. Mit dem nötigen Wissen lassen sich Pralinenpannen vermeiden und häufig kann man auch während der Zubereitung noch regulierend eingreifen.

Die Pralinen werden nicht fest

Die Kuvertüre ist nicht richtig temperiert: Die Kuvertüre für die nächsten Pralinen noch einmal temperieren (siehe Seite 18) und dabei genau an die angegebene Temperatur halten.

Die Raumtemperatur ist zu warm: Die Pralinen zum Festwerden kurz (!) in den Kühlschrank stellen. Nicht länger als 5 bis 10 Minuten, sonst ist der Glanz weg.

Die Pralinenrohlinge sind zu warm: Geduld! Vor dem Füllen oder Weiterverarbeiten abwarten, bis die Rohlinge kalt sind. Wenn nötig, wie oben, kurz (!) kühl stellen.

Die Pralinenplatte ist zu weich und lässt sich nicht schneiden

Die Raumtemperatur ist zu warm: Die Platte an einem kühlen Ort, aber nicht im Kühlschrank, fest werden lassen.

Die Zeit zum Aushärten war zu kurz: Geduld! Die Platte an einen kühlen Ort stellen und länger aushärten lassen.

Die Schokoladenschicht ist zu dick

Die Kuvertüre ist zu kalt: Die Kuvertüre für die nächsten Pralinen etwas erwärmen. Über dem Wasserbad oder auf kleinster Stufe mit einem Föhn.

Ungenügendes Abtropfen der Kuvertüre: Die Pralinengabel mit der Praline nach dem Tauchen mehrmals auf und ab bewegen, damit die Kuvertüre besser abfließt.

Der Kakaobuttergehalt der Kuvertüre ist zu niedrig: Etwas Kakaobutter schmelzen und unter die geschmolzene, noch nicht temperierte Kuvertüre rühren.

Die Pralinen sind streifig mit grauen und matten Linien

Die Kuvertüre ist nicht ausreichend verrührt: Das nächste Mal so lange rühren, bis die Kuvertüre ganz glatt ist. Andernfalls entstehen warme und kalte Schichten. Die warmen Schichten bilden dann graue Linien.

Die Kuvertüre ist nicht richtig temperiert: Kuvertüre für die nächsten Pralinen noch einmal temperieren (siehe Seite 8) und dabei genau an die angegebene Temperatur halten.

Die getauchten Pralinen bekommen „Füße"

Die Kuvertüre ist zu dünnflüssig oder zu warm: Kuvertüre mit weniger Kakaobuttergehalt (siehe Seite 159) verwenden oder die Kuvertüre etwas abkühlen lassen.

Ungenügendes Abtropfen der Kuvertüre: Die Pralinengabel mit der Praline nach dem Tauchen mehrmals auf und ab bewegen, damit die Kuvertüre besser von der Oberfläche abfließt.

Die frisch überzogenen Pralinen wurden zu heftig bewegt: Die Kuvertüre erst gut aushärten lassen, bevor die Pralinen an einen anderen Ort gestellt werden.

Die Ganache ist geronnen

Die Temperaturen der Zutaten waren zu unterschiedlich: Alle Zutaten sollten dieselbe Temperatur haben. Ist die Ganache geronnen, vorsichtig über dem Wasserbad leicht erwärmen. **Oder:** Ein Drittel der Masse erwärmen, wieder unter den Rest der Masse rühren und mit dem Stabmixer homogenisieren.

Das Mengenverhältnis der Zutaten passt nicht: Die Zutatenmengen nochmals überprüfen, wenn nötig neu anpassen und die Masse mit dem Stabmixer homogenisieren.

Die Kuvertüre glänzt nicht

Die Füllung war zu kalt: Darauf achten, dass der Temperaturunterschied zwischen dem Pralinenrohling und der Kuvertüre nicht zu groß ist.

Die Kuvertüre ist nicht richtig temperiert: Die Kuvertüre für die nächsten Pralinen noch einmal temperieren (siehe Seite 18), dabei genau an die angegebene Temperatur halten.

Der Arbeitsplatz ist zu kalt: Die Raumtemperatur sollte etwa 20 °C betragen.

Die Kuvertüre wird während der Verarbeitung dicker oder fest

Die Kuvertüre ist zu kalt geworden: Die Kuvertüre kurz über dem Wasserbad warm werden lassen oder mit einem Föhn auf kleinster Stufe vorsichtig anwärmen.

Die Kuvertüre bildet Blasen beim Überziehen

Die Kuvertüre wurde zu viel gerührt: Die Kuvertüre für die nächsten Pralinen erneut temperieren und dabei weniger rühren. Wenn Luftblasen beim Trocknen aufplatzen, kommt Sauerstoff an die Praline. Dadurch kann sie schneller austrocknen; auch Bakterien können eindringen.

Die Kuvertüre ist krümelig oder klumpt

Die Kuvertüre ist zu heiß geworden: Wird Kuvertüre zu heiß, lässt sie sich nicht mehr retten. Deshalb immer über einem Wasserbad langsam erhitzen.

Es ist Feuchtigkeit in die Kuvertüre gekommen: Das muss unbedingt vermieden werden. Selbst kleine Mengen Flüssigkeit lassen die Kuvertüre verklumpen. Hier hilft nur: Kuvertüre entsorgen und von vorne beginnen.

Hauptzutat Kuvertüre

Kuvertüre schmelzen und temperieren

1. Zwei Drittel der im Rezept angegebenen Kuvertüremenge grob hacken, ein Drittel fein hacken. Einen Topf halbhoch mit Wasser füllen. Das Wasser erhitzen, aber nicht kochen lassen. Eine passende Edelstahl- oder Porzellanschüssel in den Topf hängen, sie soll das Wasser nicht berühren. Die grob gehackte Kuvertüre in der Schüssel über dem heißen Wasserbad schmelzen. Die Temperatur der geschmolzenen Kuvertüre sollte etwa 40 bis 45 °C betragen. Thermometer verwenden! Ein Drittel der Kuvertüre abnehmen und warm halten.

2. Die Schüssel mit der übrigen Kuvertüre vom Wasserbad nehmen. Die vorbereitete fein gehackte Kuvertüre untermischen, um das Ganze auf 27 bis 28 °C herunterzukühlen.

3. Um die Kuvertüre wieder zu erwärmen, die warm gehaltene flüssige Kuvertüre nach und nach unterrühren, bis die gewünschte Temperatur erreicht ist: weiße Kuvertüre 28 bis 29 °C, Vollmilchkuvertüre 29 bis 30 °C, Zartbitterkuvertüre 31 bis 32 °C.

4. Vor dem Verarbeiten durch Hineintauchen einer Messerklinge eine Probe machen: Zieht die Kuvertüre nach dem Herausnehmen in kurzer Zeit ohne Streifen an und glänzt, können die Pralinen überzogen werden.

Warum Temperieren wichtig ist

Das Temperieren von Kuvertüre braucht etwas Übung, doch es lohnt sich. Perfekt temperierte Kuvertüre sorgt für eine schöne, glänzende Oberfläche und eine knackige Konsistenz der Pralinenhülle.

Wenn Kuvertüre nicht temperiert wird, verbinden sich die Kristalle nicht. Die in der Kuvertüre enthaltene Kakaobutter trennt sich von den anderen Zutaten. Nicht temperierte Kuvertüre zieht nicht so schnell an und wird möglicherweise nicht fest. Die Pralinen werden grau und glänzen nicht. Beim Überziehen von Pralinen kann es außerdem passieren, dass die Pralinenrohlinge schmelzen, wenn die Temperatur nicht stimmt.

Weil sich kleine Kuvertüremengen nicht gut temperieren lassen, nehmen Sie auch für geringere Pralinenstückzahlen immer reichlich Kuvertüre. Wann immer Kuvertüre übrig bleibt: Rezepte für leckere Resteverwertung finden Sie auf Seite 156.

Wichtig: Sobald Kuvertüre kalt geworden ist, muss sie auf jeden Fall erneut temperiert werden. Es reicht also nicht, die temperierte Kuvertüre vom Vortag einfach nur zu schmelzen.

Halb temperierte Kuvertüre

Für manche Rezepte darf die Kuvertüre nur halb bzw. nicht ganz temperiert werden, etwa bei selbst gespritzten Trüffeln, die in Puderzucker, Kakao oder Ähnlichem gewälzt werden. Da die Pralinenkörper kalt sind, würde temperierte Kuvertüre zu schnell anziehen, also zu schnell fest werden, sodass Kakao, Puderzucker und Co. nicht haften bleiben. Deshalb immer wenn es im Rezept angegeben ist, halb bzw. fast temperierte Kuvertüre verwenden.

So wird's gemacht: Drei Viertel der Kuvertüre, die im Rezept angegeben ist, grob hacken, den Rest fein. Die grob gehackte Kuvertüre über dem Wasserbad schmelzen und mit Zugabe der fein gehackten Kuvertüre etwas herunterkühlen. Jetzt fangen die Kristalle an, sich zu verbinden, und die Kuvertüre wird fest, aber nicht zu schnell. Sie sollte etwa 35 °C warm sein. Alternativ erwärmt man die Kuvertüre von vornherein nur auf 35 °C. Am besten ein Thermometer verwenden.

Ganache – die klassische Pralinenfüllung

Ganache herstellen

1. Die im Rezept angegebene Kuvertüremenge fein hacken und in eine Schüssel geben. Je nach Rezept weitere Zutaten vorbereiten, zum Beispiel Kaffebohnen oder andere Zutaten im Mörser zerstoßen oder zerkleinern.

2. Die im Rezept angegebene Sahnemenge in einem Topf zum Kochen bringen. Je nach Rezept gegebenenfalls noch aromatisieren. Die heiße Sahne zur gehackten Kuvertüre in die Schüssel geben. Die Kuvertüre unter Rühren in der Sahne schmelzen. Oder – je nach Rezept – die Kuvertüre zur Sahne geben und mit dem Stabmixer vorsichtig zu einer homogenen Masse mixen, dabei darauf achten, dass dabei keine Luft hineingelangt. Das gelingt am besten, wenn der Stabmixer ganz unten im Rührbecher gehalten wird.

3. Je nach Pralinenrezept oder dem eigenen Geschmack eine aromatisierende Zutat dazugeben, zum Beispiel Rum, Edelbrände, Liköre oder Vanillearoma.

4. Die Zutaten so lange verrühren, bis die Ganache wieder ganz glatt ist, damit sie nicht gerinnt und einen zarten Schmelz erhält.

5. Die perfekte Ganache zum Füllen von Pralinen ist gleichmäßig und hat einen schönen Glanz. Geronnene Ganache hat eine unregelmäßige Textur und glänzt nicht.

Spritzbeutel-Know-how

Für Feinarbeiten: Spritztüte selbst falten

1. Ein Stück Pergamentpapier oder Backpapier zu einem Rechteck von etwa 21 × 30 cm zuschneiden und mit der Schere diagonal in zwei Dreiecke teilen. Aus jedem Dreieck eine Tüte rollen.

2. Sobald die Tütenform stabil und unten eine schöne Spitze entstanden ist, die überstehenden Papierenden nach innen falten und damit die Tüte fixieren.

3. Die Spritztüte mit Kuvertüre füllen und die Öffnung entgegen dem Falz zudrehen. Mit einer scharfen Schere die Spitze ganz knapp abschneiden. Diese Spritztüte eignet sich vor allem zum Verschließen der Öffnungen von Trüffelhohlkörpern (siehe Seite 29) und zum Verzieren von Pralinen.

Keine Lust zum Tütenrollen? Dann füllen Sie die geschmolzene Kuvertüre in einen kleinen Gefrierbeutel, lassen die Masse zu einer Ecke laufen, drehen den Beutel über der Masse zusammen und schneiden mit der Schere eine winzige Ecke unten an der Spitze ab.

Spritzbeutel vorbereiten und befüllen

1. Zum Aufspritzen von Füllungen und zum Füllen von Pralinen am besten Einmalspritzbeutel verwenden, weil sich Schokolade nur mühsam aus Stoff- oder Kunststoffspritzbeuteln auswaschen lässt. Die Spitze des Einmalspritzbeutels abschneiden und die ausgewählte Lochtülle, am besten eine aus Metall, bis zur Spitze einführen.

2. Den Spritzbeutel oberhalb der Lochtülle mit einem Frischhalteclip verschließen. Den oberen Rand umschlagen. Die spritzfähige Füllung in den Spritzbeutel gießen und die Masse bis ganz nach unten laufen lassen.

3. Das Ende des Spritzbeutels über der Masse zusammendrehen. Die Klammer entfernen, den Spritzbeutel in eine Hand nehmen, mit der anderen Hand oberhalb der Füllung festhalten. Den Spritzbeutel fast aufrecht halten und die Spitze auf den Untergrund richten. Mit sanftem Druck der oberen Hand lassen sich jetzt Tupfen aufspritzen (siehe Seite 24) oder Pralinen füllen (siehe Seite 29).

Aufspritzen von Füllung

1. Wer Pralinen ohne Hohlkörper zubereiten möchte, kann spritzfeste Füllungen auch auf Kuvertüreplättchen aufspritzen. Für die Kuvertüreplättchen die im Rezept angegebene Menge Kuvertüre hacken, schmelzen und nur halb temperieren (siehe Seite 19). Die halb temperierte Kuvertüre auf Backpapier gießen und mit einer Palette rasch dünn verstreichen. Die Platte wachsweich anziehen lassen, also nur leicht fest werden lassen.

2. Einen runden Ausstecher leicht anwärmen und kleine Kreise aus der Kuvertüreplatte ausstechen. Ein zweites Backpapier auf die ausgestochenen Kreise legen und mit Schwung umdrehen. Die Kuvertürekreise ganz aushärten lassen. Alternativ die ausgestochenen Kreise in der Kuvertüreplatte belassen, die ganze Platte mithilfe von Backpapier wenden und die Kreise erst nach dem Aufspritzen und Festwerden der Füllung aus der Platte lösen. Diese Variante ist etwas einfacher, weil man dafür nicht jedes Plättchen einzeln von der Platte lösen muss.
Das Wenden der Plättchen mithilfe von Backpapier ist bei beiden Varianten nötig, denn beim Aushärten zieht sich die Kuvertüre etwas nach oben, wölbt sich also leicht, sodass man keine gerade Fläche mehr bekommt.

3. Die im Rezept angegebene Füllung in einen Spritzbeutel geben (siehe Seite 23) und auf jeden Kuvertürekreis einen Tupfen aufspritzen. Mindestens 12 Stunden, am besten über Nacht, aushärten lassen.

Pralinen überziehen

1. Zum Überziehen von Pralinen die im Rezept angegebene Menge an Kuvertüre hacken, über dem Wasserbad schmelzen und temperieren (siehe Seite 18). Die ausgehärteten Pralinen mithilfe einer Pralinengabel in die Kuvertüre eintauchen und herausheben. Die überschüssige Kuvertüre durch mehrmaliges Heben und Senken ablaufen lassen, dann vorsichtig am Schüsselrand abziehen.

2. Die getauchten Pralinen auf Backpapier setzen und die Kuvertüre an einem kühlen Ort, aber nicht im Kühlschrank, fest werden lassen. Je nach Rezept verzieren.

Formpralinen herstellen

1. Für die Zubereitung von Formpralinen benötigt man 2 Tage, weil die Kuvertüre immer wieder fest werden muss. Am Vortag die Pralinenform mit Watte gründlich säubern, denn man sieht wirklich jede Verschmutzung und jedes Stäubchen auf der fertigen Praline!

2. Nach Belieben in die Mulden der Form mithilfe eines feinen Pinsels Schokoladenfarbe als Verzierung auftragen.

3. Die Menge Kuvertüre, die im Rezept angegeben ist, temperieren (siehe Seite 18). Die Mulden dünn mit Kuvertüre auspinseln, damit in den Ecken keine Luftblasen entstehen. Dann etwas Kuvertüre in die Mulden gießen, die Form sofort umdrehen und die überschüssige Kuvertüre wieder ausgießen. Leicht mit einem Kochlöffel gegen die Form schlagen.

4. Die wachsweiche Kuvertüre mit einem Spachtel an den Kanten abkratzen. Hohlkörper fest werden lassen. Die ausgewählte Füllung zubereiten und in die Hohlkörper füllen. Etwa 12 Stunden, am besten über Nacht, aushärten lassen.

5. Am nächsten Tag die übrige Kuvertüre wieder schmelzen und temperieren. Die Form mit einem Föhn 2 bis 3 Sekunden erwärmen, dann verbindet sich der Deckel später besser mit der Praline. Zum Verschließen etwas Kuvertüre auf die Form gießen und mit einer Palette glatt abstreichen.

6. Die Form etwa 30 Minuten in den Kühlschrank stellen. Die Kuvertüre zieht sich beim Abkühlen zusammen. Sobald sich die Pralinen von der Form gelöst haben, vorsichtig herausklopfen oder herausdrücken.

Marzipan zubereiten

1. In einem Topf **280 g Zucker, 60 ml Wasser, 70 g Glukosesirup, 50 g Invertzucker, 30 g Sorbitpulver und 1 Prise Salz** vermischen und auf 115 °C erhitzen.

2. **450 g geschälte Mandeln** zusammen mit der Zuckermischung in einen Multizerkleinerer geben und zu einer feinen Masse mixen. Die Masse nicht länger als nötig rühren, sonst wird das Marzipan gummiartig oder zu locker.

3. Das Marzipan mit Frischhaltefolie abdecken und abkühlen lassen. Sobald es kalt ist, gut verpacken, damit es nicht austrocknet.

Ergibt etwa 800 g Marzipan.

Tipp: So wird Marzipan besonders fein und sehr rund im Geschmack. Wenn's mal schnell gehen soll, einfach 450 g geschälte Mandeln im Multizerkleinerer zu ganz feinem Pulver vermahlen. 340 g Puderzucker dazugeben und alles zu einer homogenen Masse mixen. Danach mit den Händen verkneten und dabei, wenn nötig, etwas Wasser dazugeben.

Rezepte mit Marzipan:

Marzipan-Schokoladen-Sandwiches, Seite 57
Klassisches Marzipankonfekt, Seite 75
Macadamiamarzipan mit Salz-Karamell, Seite 98
Mozartkugeln, Seite 106
XL-Pralinen mit Aprikosen und Thymian, Seite 110
Nougat-Orangen-Marzipan, Seite 115

Trüffel herstellen

Trüffelkugeln füllen und verschließen

1. Für die Zubereitung von Trüffeln benötigt man 2 Tage, weil die Füllung vor dem Verschließen und Verzieren fest werden muss. Am ersten Tag die Füllung des ausgewählten Pralinenrezeptes zubereiten. Die Trüffelhohlkugeln bereitstellen. Die Füllung in einen Spritzbeutel geben und bis 1 mm unter den Rand in die Hohlkugeln spritzen. Mindestens 12 Stunden, am besten über Nacht, aushärten lassen.

2. Am nächsten Tag etwas temperierte Kuvertüre (siehe Seite 18) in eine kleine Papierspritztüte geben (siehe Seite 22). Die Öffnung der gefüllten Hohlkugeln damit verschließen. Fest werden lassen. Die Hohlkugeln, je nach Rezept, mit Kuvertüre überziehen (siehe Seite 25) und verzieren.

Gut zu wissen: Trüffelhohlkugeln gibt es in weißer, Vollmilch- und Zartbitterkuvertüre, mit oder ohne Waffelboden. Man bestellt sie am besten im Internet. Bezugsadressen finden Sie auf Seite 158.

Trüffel veredeln

Trüffel wälzen

1. Etwas Kuvertüre bei milder Hitze schmelzen, aber nicht temperieren. Die Handfläche mit warmer Kuvertüre benetzen – wer möchte, verwendet dafür Einmalhandschuhe. Die Praline darin rollen, bis sie mit einer dünnen Schicht Kuvertüre umhüllt ist.

2. Die umhüllte Praline sofort in Puderzucker wälzen. Danach auf Backpapier setzen und etwa 20 Minuten aushärten lassen. Die fertigen Pralinen portionsweise in ein feines Sieb geben und überschüssigen Puderzucker absieben.

Tipps: Statt in Puderzucker können Sie die Pralinen auch in Kakaopulver, Streusel, Kokosflocken oder in Zuckermischungen, zum Beispiel in Rosen- oder Lavendelzucker, wälzen.

Wer die Pralinen nicht mit den Händen überziehen möchte, kann sie auch in halb temperierte Kuvertüre (siehe Seite 19) tauchen, die überschüssige Kuvertüre gut ablaufen lassen (siehe Seite 25) und die Pralinen dann in Puderzucker oder anderen Zutaten wälzen. Hierbei wird der Schokoladenmantel in der Regel nicht ganz so fein wie beim Umhüllen mit den Händen.

Trüffel igeln

1. Kuvertüre schmelzen und temperieren (siehe Seite 18). Ein Pralinengitter kurz im Backofen ganz leicht erwärmen, damit die Kuvertüre später nicht zu schnell anzieht. Das Pralinengitter auf Backpapier setzen und mit etwas temperierter Kuvertüre bepinseln.

2. Hohlkugeln oder selbst gerollte Trüffel mit einer Pralinenschlaufe in die temperierte Kuvertüre tauchen. Beim Herausheben die überschüssige Kuvertüre ablaufen lassen.

3. Die Pralinen vorsichtig auf das Gitter setzen. Sobald die Kuvertüre anfängt anzuziehen, also fest zu werden, die Pralinen igeln. Dafür mit einer Pralinengabel auf dem Gitter leicht hin- und herrollen, sodass rundherum kleine Spitzen entstehen. Die Pralinen auf Backpapier setzen und etwa 20 Minuten aushärten lassen.

Schnittpralinen herstellen

1. Einen Pralinenrahmen kann man kaufen (Bezugsquellen Seite 158) oder man lässt sich einfach vier Metallstangen, etwa 1 cm dick, im Baumarkt zurechtschneiden. Ein großes Schneidebrett oder ein Backblech mit Backpapier oder einer Silikonmatte belegen. Den Rahmen oder die Stangen in der im Rezept angegebenen Größe darauflegen. Die Pralinenmasse des Rezeptes zubereiten, in den Rahmen gießen und mit einer Palette rasch gleichmäßig verstreichen. Die Masse mindestens 12 Stunden, am besten über Nacht, fest werden lassen.

2. Den Rahmen lösen und abheben. Die Pralinenplatte mit einer Palette dünn mit temperierter Kuvertüre (siehe Seite 18) bestreichen und fest werden lassen. Mithilfe von zwei Schneidebrettern wenden und die zweite Seite ebenfalls dünn mit temperierter Kuvertüre bestreichen. Fest werden lassen.

3. Die Pralinenplatte mit einem angewärmten Messer in Rechtecke oder Quadrate schneiden. Die Pralinen, je nach Rezept, mit temperierter Kuvertüre überziehen (siehe Seite 18) und verzieren.

Pralinen und Konfekt verzieren

Farbfolien

Mit Schokoladenfarben bedruckte Folien gibt es in verschiedenen Farben und Mustern (Bezugsquellen Seite 158). Zum Verzieren die überzogenen, noch feuchten Pralinen mit wenig Abstand auf Backpapier in Reihen nebeneinandersetzen. Die Folie in Stücke schneiden, mit der beschichteten Seite auf die Pralinen legen und leicht andrücken. 2 bis 3 Stunden fest werden lassen, dann die Folie vorsichtig abziehen. Alternativ lassen sich die Pralinen direkt auf der Folie absetzen. Wer selbst eine Farbfolie gestalten möchte, malt auf eine festere Folie mit Schokoladenfarben ein Muster und setzt die Pralinen darauf.

Strukturfolien

Mit Strukturfolien (Bezugsquellen Seite 158) bekommen Schnittpralinen hübsche Muster oder Strukturen, sie können mehrmals verwendet werden, sollten aber vor jedem Gebrauch mit Watte poliert werden. Einfach die frisch überzogenen Pralinen auf der Folie absetzen oder die Folie in kleine Plättchen schneiden, auf die Praline legen und leicht andrücken.

Aprikosenblümchen

Dafür getrocknete Aprikosen quer halbieren und mit einem kleinen Messer in hübsche Formen schneiden. Wer einen winzigen Blumenausstecher hat, sticht damit kleine Aprikosenblumen aus.

Kandierte Kräuter und Blütenblätter

Für gezuckerte Kräuterzweige, zum Beispiel Thymianzweige, kleine Abschnitte mit etwas Eiweiß bepinseln und mit feinem Zucker bestreuen. Etwa 1 Stunde trocknen lassen. Auch kleine Blütenblätter, wie zum Beispiel Rosen- oder Veilchenblütenblätter, lassen sich so zuckern und in süße Deko verwandeln.

Filieren

Mit Kuvertüre überzogene Pralinen können nach dem Aushärten noch filiert werden. Dafür eine andere Kuvertüre als die des Überzugs hacken, schmelzen und temperieren (siehe Seite 18). Mithilfe einer kleinen Spritztüte (siehe Seite 22) die Kuvertüre in sehr dünnen Fäden über die Pralinen laufen lassen.

Schminken

Mit farbig eingefärbter Kakaobutter oder Kuvertüre sowie mit Schokoladenfarbe lassen sich Pralinen schminken, das heißt farblich gestalten. Bei Formpralinen kann man zum Beispiel die Mulden der Pralinenform zuerst mit etwas Schokoladenfarbe bepinseln (siehe Seite 26).

Gabelstrich

Mit einer Pralinengabel wird die Oberfläche der überzogenen Praline angetupft und die Gabel nach oben weggezogen, sodass ein Gabelstrich entsteht.

Igeln

Die mit Kuvertüre überzogenen Pralinen werden auf einem Pralinengitter hin- und hergerollt, sodass rundherum kleine Spitzen wie Igelstacheln entstehen (siehe Seite 31).

Nüsse dragieren

1. Den Backofen auf 200 °C vorheizen. **300 g Nüsse** auf einem Backblech verteilen und im Ofen auf der mittleren Schiene goldbraun rösten. Herausnehmen.

2. **180 g Zucker** mit **40 ml Wasser** in einem Topf auf 120 °C erhitzen. Die Nüsse in die Zuckerlösung geben und so lange rühren, bis der Zucker auskristallisiert ist und sich rund um die Nüsse legt. Die Nüsse auf ein Blech schütten, abkühlen lassen und dann einfrieren.

3. Die gefrorenen Nüsse in eine Schüssel geben und **150 g flüssige Kuvertüre** in einem dünnen Strahl unter ständigem Rühren dazugeben, bis alle Nüsse mit Kuvertüre ummantelt sind.

4. Die Nüsse sofort in **Kakaopulver** oder **Puderzucker** wälzen. Auf Backpapier setzen und aushärten lassen. Portionsweise in ein Sieb geben und überschüssiges Kakaopulver oder überschüssigen Puderzucker absieben.

Karamell zubereiten

1. In einem kleinen Topf **200 g Sahne** erhitzen und warm halten. In einem Topf mit hohem Rand **200 g Puderzucker** bei mittlerer Hitze karamellisieren, bis er eine Bernsteinfarbe hat. Dabei ab und zu umrühren, damit der Puderzucker gleichmäßig karamellisiert. Falls manche Stellen schon bräunlich werden, die Hitze etwas reduzieren.

2. Sobald der Puderzucker vollständig geschmolzen ist, die Hitze reduzieren und die warme Sahne in kleinen Mengen unterrühren. Bei schwacher Hitze so lange köcheln lassen, bis sich der Zucker aufgelöst hat.

3. **50 g Butter** in Stücke schneiden. Zur Zucker-Sahne-Masse geben, glatt rühren und abkühlen lassen.

Vorsicht: Den Karamell nicht gleich probieren, denn die Masse ist so heiß, dass man sich die Zunge verbrennt.

Ergibt etwa 450 g und reicht als Füllung für 63 Pralinen.

Rezepte mit Karamell:

Macadamiamarzipan mit Salz-Karamell, Seite 98
Honig-Karamell-Pralinen, Seite 105
Crème-brulée-Pralinen, Seite 122

Nussnougat zubereiten

1. **200 g ungeschälte Haselnusskerne** auf einem Backblech verteilen. Im Backofen bei 180 °C etwa 10 bis 15 Minuten rösten, dann abkühlen lassen. Die Haselnusskerne in einen Multizerkleinerer geben.

2. Die Haselnusskerne so lange mixen, bis Öl austritt. **75 g Puderzucker** dazugeben und erneut durchmixen.

3. **175 g Kuvertüre** hacken und zusammen mit **125 g Kokosfett** in eine Schüssel geben. Unter Rühren über dem heißen Wasserbad schmelzen. Die Nussmasse unterrühren und das Ganze fest werden lassen. Je nach Rezept das Nussnougat noch einmal zur gewünschten Konsistenz erwärmen.

Ergibt etwa 570 g Nussnougat.

Rezepte mit Nussnougat:

Macadamia-Nougat-Praline, Seite 46
Baiserherzen mit Nougat, Seite 51
Mozartkugeln, Seite 106
Nougat-Orangen-Marzipan, Seite 115
Blätterkrokant, Seite 135

LEVEL 1

ANFÄNGER

Nach viel Theorie und wichtigen Basics
kann es endlich losgehen.
Hier kommen einfache Einsteigerrezepte,
die auch Ungeübten gelingen.

Heidelbeertrüffel mit Zimtlikör

Zutaten für ca. 70 Stück

Zubereitung: ca. 1 Std. • Abkühlen: ca. 2 Std. • Aushärten: mind. 12 Std. + ca. 20 Min.

Für die Trüffel:

330 g weiße Kuvertüre

100 g TK-Heidelbeeren, aufgetaut

1 Msp. Zitronensäure

50 g Sahne

50 g weiche Butter

3 EL Zimtlikör

Außerdem:

300 g weiße Kuvertüre zum Überziehen

200 g Puderzucker

Am Vortag für die Trüffel die Kuvertüre klein hacken und in eine Schüssel geben. Die Heidelbeeren mit dem Stabmixer pürieren. Das Heidelbeerpüree in einen Topf geben und mit der Zitronensäure erhitzen.

Die Sahne und die Butter in einem Topf aufkochen. Das Heidelbeerpüree dazugeben, alles gut verrühren und die Mischung zur gehackten Kuvertüre geben. Die Kuvertüre unter Rühren in der warmen Mischung schmelzen. Den Zimtlikör untermischen und das Ganze zugedeckt etwa 2 Stunden kühl stellen, bis die Masse anfängt, dicklich zu werden. Mehrmals durchrühren.

Die spritzfähige Masse in einen Spritzbeutel mit mittlerer Lochtülle füllen und etwa 3 cm große Tupfen auf ein Backpapier oder eine Silikonmatte spritzen. Mindestens 12 Stunden, am besten über Nacht, fest werden lassen.

Am nächsten Tag die Tupfen zwischen den Handflächen zu Kugeln rollen. Die Kuvertüre zum Überziehen hacken und über dem Wasserbad schmelzen. Den Puderzucker in eine Schüssel oder auf einen tiefen Teller sieben.

Die Handfläche mit warmer Kuvertüre benetzen und die Pralinen darin rasch rollen, bis sie mit einer dünnen Schicht umhüllt sind. Dann sofort im Puderzucker wälzen, auf Backpapier setzen und etwa 20 Minuten aushärten lassen. Die Trüffel portionsweise in ein feines Sieb geben und überschüssigen Puderzucker absieben.

Eine Step-by-step-Anleitung zum Wälzen von Trüffelpralinen finden Sie auf Seite 30.

Bunte Heidelbeertrüffel

Wer es gerne farbig haben möchte, mischt 200 g Heidelbeerpulver (Bezugsquellen Seite 158) mit 50 g Puderzucker und wälzt die Trüffel darin.

Beschwipste Kokostrüffel

Zutaten für 63 Stück

Zubereitung: ca. 1 Std. • Abkühlen: ca. 1–2 Std. • Aushärten: mind. 12 Std. + ca. 20 Min.

Für die Füllung:

280 g weiße Kuvertüre

140 g Sahne

90 ml Kokoslikör (z. B. Batida de Coco®)

Außerdem:

1 Lage weiße Trüffelhohlkugeln (63 Stück)

250 g weiße Kuvertüre zum Verschließen und Überziehen

150 g Kokosflocken

Am Vortag für die Füllung die weiße Kuvertüre klein hacken und in eine Schüssel geben. Die Sahne in einem Topf aufkochen und zur Kuvertüre geben. Die Kuvertüre in der Sahne unter Rühren schmelzen und die Mischung glatt rühren. Den Kokoslikör untermischen. Die Füllung zugedeckt 1 bis 2 Stunden abkühlen lassen.

Die abgekühlte Füllung in einen Spritzbeutel füllen und in die Hohlkugeln spritzen, dabei 1 mm Rand frei lassen. An einem kühlen Ort mindestens 12 Stunden, am besten über Nacht, aushärten lassen.

Am nächsten Tag die Kuvertüre zum Verschließen und Überziehen hacken und über dem Wasserbad schmelzen, aber nicht temperieren. Etwas Kuvertüre in eine kleine Spritztüte füllen (siehe Seite 22). Die Pralinenöffnungen mit der Kuvertüre verschließen. Fest werden lassen.

Die Kokosflocken auf einem Teller verteilen. Die restliche Kuvertüre erneut erhitzen. Die Handfläche mit warmer Kuvertüre benetzen und die Pralinen darin rasch rollen, bis sie mit einer dünnen Schicht umhüllt sind. Dann sofort in den Kokosflocken wälzen, auf Backpapier setzen und etwa 20 Minuten aushärten lassen.

Eine Step-by-step-Anleitung zur Herstellung und zum Wälzen von Trüffelpralinen finden Sie auf Seite 29 und 30.

WITH
WITH
LOVE
LOVE

Vegane Zitronentrüffel

Zutaten für 63 Stück

Zubereitung: ca. 1 Std. • Abkühlen: ca. 30 Min. • Aushärten: mind. 12 Std. + 20 Min.

Für die Füllung:

200 g vegane weiße Schokolade

90 ml Kokosmilch

60 ml flüssiger Fondant

20 g Kakaobutter

100 g Kalamansipüree (oder anderes Zitronenpüree)

40 ml Sekt

1 Msp. Zitronensäure

Außerdem:

1 Lage vegane Zartbitter-Trüffelhohlkugeln (63 Stück)

200 g vegane Zartbitterkuvertüre zum Verschließen und Überziehen

150 g Puderzucker

Am Vortag für die Füllung die Schokolade hacken. Die Kokosmilch, den Fondant und die Kakaobutter aufkochen. Den Topf vom Herd nehmen. Die Kuvertüre unterrühren und, sobald sie sich aufgelöst hat, Kalamansipüree, Sekt und Zitronensäure unterrühren. Die Masse mit einem Stabmixer homogenisieren und abkühlen lassen.

Die Masse in einen Spritzbeutel geben und die Trüffelhohlkugeln damit füllen, dabei 1 mm Rand frei lassen. An einem kühlen Ort mindestens 12 Stunden, am besten über Nacht, fest werden lassen.

Am nächsten Tag die Zartbitterkuvertüre zum Verschließen und Überziehen hacken und über dem Wasserbad schmelzen, aber nicht temperieren. Etwas Kuvertüre in eine kleine Spritztüte füllen (siehe Seite 22). Die Pralinenöffnungen mit der Kuvertüre verschließen. Fest werden lassen.

Den Puderzucker auf einen tiefen Teller sieben. Die restliche Kuvertüre erneut erhitzen. Die Handfläche mit warmer Kuvertüre benetzen und die Pralinen darin rasch rollen, bis sie mit einer dünnen Schicht umhüllt sind. Dann sofort im Puderzucker wälzen, auf Backpapier setzen und etwa 20 Minuten aushärten lassen.
Die fertigen Trüffel in ein Sieb geben und den überschüssigen Puderzucker absieben.

Eine Step-by-step-Anleitung zur Herstellung und zum Wälzen von Trüffelpralinen finden Sie auf Seite 29 und 30.

Macadamia-Nougat-Pralinen

Zutaten für 63 Stück
Zubereitung: ca. 1 Std. • Aushärten: mind. 12 Std. + ca. 30 Min.

200 g helles Nussnougat

1 Lage Vollmilch-Pralinenhalbschalen (63 Stück)

160 g geröstete Macadamianüsse

300 g Zartbitterkuvertüre zum Überziehen

essbares Blattgold zum Dekorieren

Am Vortag das Nougat in einer Schüssel über dem heißen Wasserbad oder in der Mikrowelle langsam flüssig werden lassen. Auf etwa 30 °C abkühlen lassen.

Das Nougat in einen Spritzbeutel füllen und in die Pralinenhalbschalen spritzen. Je 1 Macadamianuss auflegen. Mindestens 12 Stunden, am besten über Nacht, aushärten lassen.

Am nächsten Tag die Zartbitterkuvertüre zum Überziehen hacken, in einer Schüssel über dem heißen Wasserbad schmelzen und temperieren (siehe Seite 18). Die Pralinen mit der Zartbitterkuvertüre überziehen. Dafür die Pralinen in die Kuvertüre tauchen, abtropfen lassen, auf Backpapier setzen und antrocknen lassen. Mit kleinen Stückchen Blattgold dekorieren. Das geht am besten mit einer Pinzette.

Eine Step-by-step-Anleitung zum Überziehen von Pralinen finden Sie auf Seite 25.

Bunter Schokobruch

Zutaten für 1 Tafel (ca. 100 g)
Zubereitung: ca. 45 Min. • Aushärten: ca. 1 Std.

100 g weiße Kuvertüre

¼ TL Zimtpulver

30 g getrocknete Beeren (oder geröstete Nüsse, z. B. Mandel-, Haselnuss-, Walnuss-, Pistazien- oder Cashewkerne)

Die Kuvertüre hacken, schmelzen und temperieren (siehe Seite 18). Den Zimt unterrühren. Ein Stück Backpapier oder eine Strukturfolie auf die Arbeitsfläche legen und die Kuvertüre mithilfe einer Schöpfkelle in einer länglichen Form auf das Backpapier oder die Strukturfolie gießen.

Die getrockneten Beeren auf die Kuvertüre streuen und leicht andrücken. Alternativ die gerösteten Nüsse hacken und die Tafel damit belegen. Etwa 1 Stunde aushärten lassen. Nach Belieben in Stücke brechen und in Zellophantüten verpacken.

Spice-Himbeere mit Anis

¼ TL gemahlenen schwarzen Pfeffer in 100 g temperierte Zartbitterkuvertüre rühren. Zu einer Tafel gießen und mit 2 EL gefriergetrockneten Himbeeren und ½ TL Anissamen belegen. Die Tafel 1 Stunde aushärten lassen.

Mini-Marshmallows

100 g temperierte Zartbitterkuvertüre zu einer Tafel gießen und mit 2 EL bunten Mini-Marshmallows belegen. Die Tafel 1 Stunde aushärten lassen.

Blütenzauber

3 Tropfen Lavendelöl in 100 g temperierte Vollmilchkuvertüre rühren. Zu einer Tafel gießen und mit 20 g gezuckerten Rosenblüten- und Veilchenblütenblättern (siehe Seite 33) belegen. Die Tafel 1 Stunde aushärten lassen.

Mandel küsst Cranberry

100 g temperierte Vollmilchkuvertüre zu einer Tafel gießen und mit 1 bis 2 EL getrockneten Cranberrys und 30 g gerösteten Mandelkernen bestreuen.
Die Tafel 1 Stunde aushärten lassen.

Baiserherzen mit Nougat

Zutaten für ca. 50 Stück
Zubereitung: ca. 45 Min. • Backen/Trocknen: ca. 3 Std. • Aushärten: ca. 1 Std.

3 Eiweiß
180 g Zucker
Salz
50 g Puderzucker
ca. 200 g dunkles Nussnougat

Den Backofen auf 80 °C vorheizen. Ein Backblech mit Backpapier belegen. Die Eiweiße mit 100 g Zucker und 1 Prise Salz zu steifem Eischnee schlagen. Den restlichen Zucker mit dem Puderzucker mischen und unter den Eischnee heben.

Die Mischung in einen Spritzbeutel mit mittlerer Lochtülle füllen und etwa 3 cm große Herzen auf das Blech spritzen. Im Ofen auf der mittleren Schiene 3 Stunden trocknen lassen. Herausnehmen und abkühlen lassen.

Nougat über dem nicht zu heißen Wasserbad schmelzen. Jeweils ein Baiserherz mit der glatten Seite eintauchen und ebenfalls mit der glatten Seite von einem zweiten Herz zusammensetzen. Mit den restlichen Herzen ebenso verfahren, bis alle Herzen gefüllt sind. 1 Stunde aushärten lassen.

Himbeerbaiser

Für Himbeerbaiser 2 EL gefriergetrocknete Himbeeren im Mörser zerkleinern und unter den Eischnee mischen. Nach Belieben ebenfalls in Herzform spritzen, im Ofen trocknen lassen und mit Nougat füllen.

Katzenzungen

Zutaten für 40 Stück
Zubereitung: ca. 1 Std. • Aushärten: ca. 20 Min.

200 g Lieblingskuvertüre (weiß, Vollmilch, Zartbitter, Karamell, Ruby)

¼ TL gemahlener schwarzer Pfeffer (oder Zimtpulver, Chilipulver, oder 1 Msp. Vanillemark)

Zum Belegen:

ca. 50 g geröstete Nusskerne

ca. 50 g Trockenfrüchte

Die Kuvertüre hacken, in einer Schüssel über dem heißen Wasserbad schmelzen und temperieren (siehe Seite 18). Gewürze nach Belieben unter die Masse rühren.

Die Kuvertüre in einen Spritzbeutel füllen und etwa 5 × 1,5 cm große „Zungen" auf Backpapier spritzen. Bevor die Kuvertüre fest wird, mit ganzen oder zerkleinerten Nusskernen und Trockenfrüchten belegen. Die Katzenzungen an einem kühlen Ort fest werden lassen.

Studententaler

Die temperierte Kuvertüre als Taler auf das Backpapier spritzen. Bevor die Masse fest wird, entweder wie oben mit einer Nuss-Trockenfrüchte-Mischung oder mit einer Müslimischung bestreuen.

Auch lecker:

100 g frische Beeren über die Katzenzungen oder die Taler streuen.

Orangenstäbchen im Matchateemantel

Zutaten für 70–80 Stück

Zubereitung: ca. 1 Std. • Abkühlen: ca. 1–2 Std. • Aushärten: mind. 12 Std. + ca. 20 Min.

Für die Orangenstäbchen:

200 g Vollmilchkuvertüre

50 g Zartbitterkuvertüre

150 g Sahne

50 g Butter

abgeriebene Schale von 1 Bio-Orange

3 EL Cointreau®

Außerdem:

20 g Matchateepulver

200 g Puderzucker

300 g weiße Kuvertüre zum Überziehen

Am Vortag für die Orangenstäbchen beide Kuvertüresorten klein hacken und in eine Schüssel geben. Sahne, Butter und Orangenschale in einem Topf aufkochen, die Kuvertüre dazugeben und unter Rühren schmelzen. Zum Schluss den Cointreau® unterrühren. Die Mischung zugedeckt 1 bis 2 Stunden abkühlen und spritzfest werden lassen. Zwischendurch immer wieder mal umrühren.

Die spritzfähige Masse in einen Spritzbeutel mit mittlerer Lochtülle füllen und damit auf Backpapier oder eine Silikonmatte mehrere Stangen von etwa 50 cm Länge spritzen. Mindestens 12 Stunden, am besten über Nacht, fest werden lassen.

Die Stangen am nächsten Tag mit einem angewärmten Messer in etwa 3 cm lange Stücke schneiden. Das Teepulver mit dem Puderzucker mischen und auf ein Backblech oder in einen tiefen Teller sieben. Die weiße Kuvertüre zum Überziehen hacken, schmelzen und halb temperieren (siehe Seite 19).

Die Orangenstäbchen mit einer Pralinengabel in die Kuvertüre tauchen, herausheben, mehrmals auf und ab bewegen und abtropfen lassen (siehe Seite 25).
Die Pralinen sofort im Puderzucker wälzen, auf Backpapier setzen. Etwa 20 Minuten aushärten lassen. Die Pralinen portionsweise in ein Sieb geben und den überschüssigen Puderzucker absieben.

TIPP

Sie können die Orangenstäbchen natürlich auch in purem Puderzucker wälzen.
Oder Sie tauchen sie statt in weiße Kuvertüre in geschmolzene Zartbitterkuvertüre und wälzen sie dann in Kakaopulver.

TIPP

Diese Pralinen trocknen schnell aus, weil sie keine Kuvertürehülle haben. Am besten bald genießen und bis dahin kühl in einer luftdichten Dose aufbewahren.

Marzipan-Schokoladen-Sandwiches

Zutaten für ca. 30 Stück
Zubereitung: ca. 90 Min. • Aushärten: ca. 1 Std.

Für die Kuvertüreplättchen:

200 g Zartbitterkuvertüre

Für das Pistazienmarzipan:

100 g Marzipanrohmasse
ca. 2 cl Kirschwasser
1½ EL gemahlene Pistazien
1 EL Puderzucker
1–2 Tropfen Bittermandelöl

Für die Kirschwasser-Butter-Masse:

50 g Vollmilchkuvertüre
40 g Zartbitterkuvertüre
40 g wachsweiche Butter
40 g Fondant
1 cl Kirschwasser

Außerdem:

essbares Blattgold und Pistazienkerne zum Verzieren

Für die Kuvertüreplättchen die Zartbitterkuvertüre hacken, schmelzen und temperieren (siehe Seite 18). Die Kuvertüre auf Backpapier gießen und etwa 1 bis 2 mm dick und 35 × 30 cm groß verstreichen. Nur kurz anziehen lassen, bis die Platte wachsweich ist. Einen runden Ausstecher von etwa 3 cm Durchmesser leicht anwärmen und im Abstand von 5 mm Kreise ausstechen. Ein zweites Backpapier auf die Kuvertüreplatte legen und die Platte wenden. Die Kuvertüre fest werden lassen. Das obere Backpapier abziehen und die Kuvertürekreise vollständig aushärten lassen.

Für das Pistazienmarzipan die Marzipanrohmasse mit Kirschwasser, Pistazien, Puderzucker und Bittermandelöl in einer Schüssel zu einer glatten Masse verarbeiten. Falls die Masse zu fest ist, etwas mehr Kirschwasser dazugeben.

Für die Kirschwasser-Butter-Masse beide Kuvertüresorten über dem Wasserbad schmelzen. Die Butter mit dem Fondant glatt rühren. Beide Kuvertüresorten dazugeben und erst zum Schluss das Kirschwasser unterrühren. Achtung: Alles vorbereiten, da die Masse nach der Zugabe des Kirschwassers schnell anzieht.

Das Pistazienmarzipan in einen Spritzbeutel mit mittlerer Lochtülle, die Kirschwasser-Butter-Masse in einen Spritzbeutel mit Sterntülle füllen (siehe Seite 23). Einen Kuvertürekreis auf Backpapier setzen, etwas Kirschwasser-Butter-Masse aufspritzen und diese mit einem zweiten Kuvertürekreis belegen. Ganz leicht andrücken. Dann etwas Marzipanmasse aufspritzen und mit einem weiteren Kuvertürekreis bedecken. Die fertigen Marzipan-Schokoladen-Sandwiches mit Blattgold und Pistazien verzieren.

Eine Step-by-step-Anleitung zur Herstellung von Kuvertüreplättchen und zum Aufspritzen von Füllung finden Sie auf Seite 24.

Mandelsplitter-Trio

Zutaten für ca. 60 Stück
Zubereitung: ca. 30 Min. • Abkühlen: ca. 30 Min. • Aushärten: ca. 20 Min.

1 Vanilleschote

300 g Mandelstifte

2 EL Zucker

2 EL Sahne

je 80 g Zartbitter-, Vollmilch- und weiße Kuvertüre

Den Backofen auf 200 °C vorheizen. Ein Backblech mit Backpapier belegen. Die Vanilleschote längs aufschneiden und das Mark mit einem spitzen Messer herauskratzen. Die Mandelstifte mit dem Zucker, dem Vanillemark und der Sahne vermischen und auf dem Blech verteilen. Im Ofen auf der mittleren Schiene etwa 10 Minuten rösten.

Das Blech herausnehmen und die Mandelstifte 30 Minuten abkühlen lassen. Dann mit den Fingern vereinzeln, in drei gleich große Portionen teilen und jede Portion in eine Schüssel geben. Die Kuvertüren separat hacken, schmelzen und temperieren (siehe Seite 18). Je eine Kuvertüresorte in jede Schüssel zu den Mandelstiften geben und gut damit vermischen.

Von den Mandelmassen mit einem Teelöffel zügig kleine Häufchen auf Backpapier setzen und die Mandelsplitter etwa 20 Minuten aushärten lassen.

Schokoknusper

Für eine knusprigere Variante 50 g Cornflakes mit 130 g temperierter Kuvertüre der Lieblingssorte vermischen. Mit einem Teelöffel zügig kleine Häufchen auf ein Backpapier setzen und etwa 20 Minuten aushärten lassen.

Rumkugeln

Zutaten für ca. 50 Stück
Zubereitung: ca. 1 Std. • Abkühlen: ca. 45 Min.

Für die Rumkugeln:

300 g Zartbitterkuvertüre

100 g Butter

4 EL Rum oder 2–3 Tropfen Rumaroma

2 EL Kakaopulver

Außerdem:

100 g Zartbitterkuvertüre zum Überziehen

200 g Schokoladenstreusel

Für die Rumkugeln die Kuvertüre hacken und drei Viertel davon über dem heißen Wasserbad schmelzen, das restliche Viertel unterrühren. Die Butter leicht schaumig rühren. Die flüssige, nicht zu warme Kuvertüre dazugeben und rühren, bis eine glatte Masse entstanden ist. Den Rum oder das Rumaroma und das Kakaopulver unterrühren. Die Masse etwa 45 Minuten in den Kühlschrank stellen, bis sie etwas fester geworden ist und sich gut formen lässt.

Inzwischen die Kuvertüre zum Überziehen hacken und über dem heißen Wasserbad schmelzen. Die Streusel in eine Auflaufform oder einen tiefen Teller geben.
Die Rumkugelmasse zwischen den Handflächen zu gleich großen Kugeln formen.

Die Handfläche mit warmer Kuvertüre benetzen und die Pralinen darin rasch rollen, bis sie mit einer dünnen Schicht umhüllt sind. Dann sofort in den Streuseln wälzen, auf Backpapier setzen und fest werden lassen.

Eine Step-by-step-Anleitung zum Wälzen von Pralinen finden Sie auf Seite 30.

TIPP

Himbeerpüree gibt es bereits fertig zu kaufen, es ist aber auch schnell selbst gemacht: 200 g TK-Himbeeren auftauen, pürieren und durch ein Sieb passieren, fertig!

Himbeerkaramell

Zutaten für ca. 80 Stück
Zubereitung: ca. 30 Min. • Aushärten: ca. 3–4 Std.

100 g Mandelblättchen
150 g Himbeerpüree
300 g Zucker
50 g Sahne
Saft von 1 Zitrone
150 g weiße Kuvertüre
50 g Butter, in Würfeln

Außerdem:

1 Pralinenrahmen 27 × 20 cm (oder 4 Metallstäbe)

Die Mandelblättchen in einer Pfanne ohne Fett rösten. Herausnehmen und abkühlen lassen. Das Himbeerpüree in einem Topf erhitzen. Den Zucker mit 100 ml Wasser in einem zweiten, großen Topf mischen und zu goldgelbem Karamell kochen. Die Sahne in einem dritten Topf erhitzen.

Die heiße Sahne und den Zitronensaft zum Karamell geben (Achtung, es spritzt!). Dann das Himbeerpüree dazugeben, alle Zutaten gut verrühren und auf 130 °C erhitzen, die Temperatur mit dem Thermometer prüfen.

Die Kuvertüre grob hacken. Den Topf vom Herd nehmen und die gehackte Kuvertüre und die Butterwürfel zur Himbeermischung geben. Alles zu einer glatten Masse verrühren. Die Mandelblättchen in kleine Stücke brechen und unterrühren.

Ein Backblech mit Backpapier oder einer Silikonmatte belegen und einen Pralinenrahmen oder 4 Metallstäbe in der Größe 27 × 20 cm darauflegen (siehe Seite 32). Die Himbeermasse einfüllen und 3 bis 4 Stunden aushärten lassen.

Den Rahmen oder dieMetallstäbe lösen und abheben. Die fest gewordene Masse in etwa 1,5 × 4,5 cm große Stücke schneiden und den Himbeerkaramell einzeln in Zellophanfolie wickeln.

Karamellvarianten

Für helle Varianten anstelle von Himbeerpüree dieselbe Menge Mango- oder Aprikosenpüree verwenden.

Baileys®-Trüffel

Zutaten für 63 Stück

Zubereitung: ca. 1 Std. • Abkühlen: ca. 30 Min. • Aushärten: mind. 12 Stunden + ca. 20 Min.

Für die Baileys®-Füllung:

140 g Vollmilchkuvertüre

90 g Sahne

50 ml Baileys® oder anderer Sahnelikör

Außerdem:

1 Lage Vollmilch-Trüffelhohlkörper mit Waffelboden (63 Stück)

300 g Vollmilchkuvertüre zum Verschließen und Überziehen

63 weiße Schokotropfen

Am Vortag für die Füllung die Kuvertüre fein hacken und in eine Schüssel geben. Die Sahne in einem Topf aufkochen. Zur gehackten Kuvertüre geben und so lange rühren, bis eine glatte Masse entstanden ist. Den Baileys® unterrühren. Abkühlen lassen.

Die Füllung in einen Spritzbeutel geben. Die Trüffelhohlkugeln damit füllen, dabei 1 mm Rand frei lassen und mindestens 12 Stunden, am besten über Nacht, fest werden lassen.

Am nächsten Tag die Vollmilchkuvertüre zum Verschließen und Überziehen hacken, über dem Wasserbad schmelzen und temperieren (siehe Seite 18). Etwas Vollmilchkuvertüre in eine kleine Spritztüte (siehe Seite 22) geben und die Öffnungen der Hohlkugeln damit verschließen. Fest werden lassen.

Die restliche Vollmilchkuvertüre erneut temperieren. Die Pralinen darin tauchen, abtropfen lassen und auf Backpapier setzen (siehe Seite 25). Mit den Schokoladentropfen verzieren und trocknen lassen.

Eine Step-by-step-Anleitung zur Herstellung von Trüffelpralinen finden Sie auf Seite 29.

Mango-Aprikosen-Gums

Zutaten für ca. 50 Stück
Zubereitung: ca. 1 Std. • Aushärten: mind. 3 Std.

80 g Fruchtfleisch einer sehr reifen Mango

80 g entkernte Aprikosen

200 g Naturjoghurt

2 TL Zitronensaft

1 Msp. Zitronensäure

1½ TL Gelatinepulver

Außerdem:

Pralinenformen aus Silikon oder Pralinenrahmen 20 × 15 cm

Das Mangofruchtfleisch und die Aprikosen würfeln und pürieren. Den Joghurt, den Zitronensaft und die Zitronensäure dazugeben und unterrühren.

Gelatine zum Frucht-Joghurt-Püree geben und 10 Minuten quellen lassen. Die Masse in einem Topf vorsichtig erwärmen, aber nicht kochen.

Die fertige Fruchtmasse in Silikonformen oder in einen Pralinenrahmen gießen und mindestens 3 Stunden kalt stellen.

Die Mango-Aprikosen-Gums aus den Mulden der Form lösen oder den Pralinenrahmen abnehmen und die Gums in etwa 2,5 cm große Würfel schneiden.

Vegane Gums

In einem Topf 200 ml Wasser aufkochen, 2 gehäufte TL Agar-Agar einrühren und 1 Minute unter ständigem Rühren köcheln lassen. Agar-Agar mit dem Schneebesen langsam unter den Mango-Aprikosen-Joghurt rühren.

Joghurt-Gums-Variationen

Johannisbeer-Bananen-Gums: Statt Mango und Aprikose 80 g aufgetaute TK-Johannisbeeren durch ein Sieb streichen und mit 80 g sehr reifem Bananenfruchtfleisch pürieren. Wie oben beschrieben weiterarbeiten.

Rhabarber-Erdbeer-Gums mit Ingwer: Statt Mango und Aprikose 80 g mit etwas Ingwer weich gedünsteten Rhabarber mit 80 g Erdbeeren pürieren. Wie oben beschrieben weiterarbeiten.

Erdbeertrüffel im Vanille-Pfeffer-Mantel

Zutaten für 63 Stück

Zubereitung: ca. 1 Std. • Abkühlen: ca. 30 Min. • Aushärten: über Nacht + ca. 20 Min.

Für die Füllung:

90 g Sahne

60 ml flüssiger Fondant

20 g Kakaobutter

170 g weiße Kuvertüre

100 g Erdbeerpüree

40 ml Erdbeersekt oder Sekt

1 Msp. Zitronensäure

Für den Vanille-Pfeffer-Zucker:

150 g Zucker

1 Msp. Vanillemark

½ TL gemahlener schwarzer Pfeffer

Außerdem:

1 Lage Zartbitter-Trüffelhohlkugeln (63 Stück)

200 g Zartbitterkuvertüre zum Verschließen und Überziehen

Am Vortag für die Füllung die Sahne, den Fondant und die Kakaobutter zum Kochen bringen. Den Topf vom Herd nehmen. Die Kuvertüre hacken und unterrühren. Sobald sie sich aufgelöst hat, die restlichen Zutaten dazugeben und mit dem Stabmixer untermischen. Abkühlen lassen.

Die Masse in einen Spritzbeutel geben und die Trüffelhohlkugeln damit füllen, dabei 1 mm Rand frei lassen. Über Nacht fest werden lassen.

Am nächsten Tag für den Vanille-Pfeffer-Zucker alle Zutaten miteinander vermischen und in eine Auflaufform geben.

Die Zartbitterkuvertüre zum Verschließen und Überziehen hacken, über dem heißen Wasserbad schmelzen. Etwas Kuvertüre in eine kleine Spritztüte geben (siehe Seite 22) und die Öffnungen der Hohlkugeln damit verschließen. Fest werden lassen.

Die restliche Kuvertüre erneut erhitzen. Die Handfläche mit warmer Kuvertüre benetzen und die Pralinen darin rasch rollen, bis sie mit einer dünnen Schicht umhüllt sind. Dann sofort im Vanille-Pfeffer-Zucker wälzen, auf Backpapier setzen und etwa 20 Minuten aushärten lassen.

Eine Step-by-step-Anleitung zur Herstellung und zum Wälzen von Trüffelpralinen finden Sie auf Seite 29 und 30.

Mandel-Tuiles

Zutaten für ca. 25 Stück

Zubereitung: ca. 1 Std. • Aushärten: ca. 30 Min.

125 g Zucker
100 g gehackte Mandeln
25 g Honig
250 g Lieblingskuvertüre (weiß, Vollmilch, Zartbitter)

Den Zucker mit 2 EL Wasser verrühren und zum Kochen bringen. Die Mandeln zum Zuckersirup geben. Unter ständigem Rühren weiterkochen, bis sich der Sirup um die Mandeln herum kristallisiert und eine hellbraune Farbe hat. Den Honig dazugeben und die Mischung vom Herd nehmen. Die Mandeln auf einer Silikonmatte oder auf Backpapier ausbreiten und abkühlen lassen.

Die Mandeln mit einem Nudelholz in kleine Krümel zerkleinern. Die Kuvertüre hacken, über dem heißen Wasserbad schmelzen und temperieren (siehe Seite 18). Die Mandelkrümel unter die Kuvertüre rühren. Abkühlen lassen.

Backpapier in etwa 7 × 28 cm breite Streifen schneiden. Die Mandelmasse in einen Spritzbeutel füllen und damit etwa 5 cm große Kreise im Abstand von etwa 2 cm auf die Backpapierstreifen spritzen. Durch vorsichtiges Klopfen etwas verlaufen lassen. Sobald die Kreise wachsweich sind, mit der Backpapierseite über eine halbrunde Form, zum Beispiel ein Nudelholz, legen und aushärten lassen.

Tipp

Die Mandeln können Sie zur Abwechslung auch mit fein gehackten Haselnüssen, Erdnüssen oder anderen Nüssen austauschen. Oder Sie verfeinern die Kuvertüre stattdessen mit Krokant, zerkleinerten Waffelstückchen oder gefriergetrockneten Früchten.

Nougat-Crisp-Pralinen

Zutaten für 48 Stück

Zubereitung: ca. 90 Min. • Aushärten: mind. 12 Std. + ca. 20 Min.

Für die Pralinenmasse:

550 g Sahnenougat

30 g Vollmilchkuvertüre

30 g Kakaobutter

40 g Waffelröllchen ohne Schokolade

Außerdem:

1 Pralinenrahmen mit 20 × 15 cm (oder 4 Metallstäbe)

500 g Zartbitterkuvertüre zum Überziehen

Dekorfolie für Pralinen

Am Vortag für die Pralinenmasse das Sahnenougat in einer Schüssel über dem heißen Wasserbad oder in der Mikrowelle langsam flüssig werden lassen. Die Kuvertüre und die Kakaobutter über dem heißen Wasserbad schmelzen und unter das Nougat rühren. Die Waffelröllchen in sehr kleine Stücke brechen und sorgfältig unter die Nougatmasse mischen.

Ein Backblech mit einer Silikonmatte oder mit Backpapier belegen und einen Pralinenrahmen oder 4 Metallstäbe in der Größe 20 × 15 cm daraufsetzen.
Die Masse hineingießen und mit einer Palette glatt streichen. Mindestens 12 Stunden, am besten über Nacht, fest werden lassen.

Am nächsten Tag die Zartbitterkuvertüre zum Überziehen hacken, schmelzen und temperieren (siehe Seite 18). Die Nougatplatte nacheinander auf beiden Seiten dünn mit der Kuvertüre bestreichen, jeweils fest werden lassen.

Die Platte in 2,5 × 2,5 cm große Pralinen schneiden. Die restliche Zartbitterkuvertüre erneut erhitzen und temperieren. Die Pralinen damit überziehen und sofort nebeneinander auf die Dekorfolie setzen. Die Kuvertüre fest werden lassen und von der Folie abziehen.

Tipps

Dekorfolie gibt es mit Struktur oder mit Schokoladenfarben bedruckt im Internet zu bestellen (Bezugsquellen siehe Seite 158).

Wer sie gerne individuell gestalten möchte, macht Dekorfolie selbst. Dafür eine etwas dickere Klarsichtfolie mit Schokoladenfarbe gestalten, zum Beispiel Pinselstriche, Tupfen oder Striche aufmalen. Sobald die Farben fest sind, die frisch überzogenen Pralinen darauf absetzen und aushärten lassen.

Eine Step-by-step-Anleitung zur Herstellung von Schnittpralinen finden Sie auf Seite 32.

Klassisches Marzipankonfekt

Zutaten für ca. 50 Stück
Zubereitung: ca. 40 Min. • Backen: ca. 5 Min.

200 g Marzipanrohmasse
40 g Puderzucker
2 Msp. Vanillemark
2 EL Rosenwasser
1 EL Gummi-arabicum-Pulver (Akaziengummi; Bezugsquellen siehe Seite 158)
4 EL Himbeer- oder Aprikosenkonfitüre

Den Backofen auf 220 °C vorheizen. Ein Backblech mit Backpapier belegen. Die Marzipanrohmasse mit dem Puderzucker, dem Vanillemark und dem Rosenwasser verkneten. Die Marzipanmasse etwa 1 cm dick ausrollen und mit etwa 3 cm großen Ausstechern unterschiedliche Formen ausstechen. Nach Belieben mit einem Messer Verzierungen einritzen und in die Mitte jedes Marzipankonfekts eine Vertiefung drücken. Das Marzipankonfekt auf das Blech setzen.

Das Gummi-arabicum-Pulver nach Packungsanweisung in Wasser auflösen und aufkochen. Inzwischen das Marzipankonfekt im Ofen auf der mittleren Schiene etwa 5 Minuten backen, bis es oben leicht bräunt. Das Konfekt herausnehmen.

Das noch heiße Marzipankonfekt mit dem Gummi arabicum bestreichen, sodass es schön glänzt. Das Konfekt vollständig abkühlen lassen.

Die Konfitüre in einem kleinen Topf erhitzen, glatt rühren und in die Vertiefungen des Marzipankonfekts füllen.

Buntes Marzipankonfekt

Die Vertiefungen des Konfekts statt mit Konfitüre nach Belieben mit buntem Fondant füllen. Wer es noch bunter mag, bereitet das Rezept statt mit farbloser Marzipanrohmasse mit farbigem Marzipan zu.

Mit Kindern wird's bunt

Mithelfen macht Spaß

Wenn es lecker nach Schokolade riecht, lassen kleine Naschkatzen nicht lange auf sich warten und möchten unbedingt mithelfen. Kuvertüre temperieren, Pralinenhohlkörper herstellen oder feine Verzierungen, an solchen Arbeiten werden sich eher die Teenager erfreuen. Denn diese Tätigkeiten erfordern viel Geduld und geschulte Feinmotorik, und beides fehlt jüngeren Kindern noch.

Aber wie beim Kochen und Backen gibt es auch für die Kleinsten, neben Umrühren und Topfausschlecken, jede Menge Möglichkeiten zum Mitmachen.

Lassen Sie sich einfach drauf ein, trauen Sie Ihren Kindern ruhig etwas zu, und auch wenn nicht alles perfekt wird, lustig wird's bestimmt.

Das schaffen schon die Kleinsten

Ganz kleine Kinder können selbst gemachte Pralinen oder Schokolade mit gehackten Nüssen, Cornflakes, Puffreis, Popcorn, Mini-Marshmallows oder Zuckerdekor bestreuen.

Eine andere Möglichkeit: Stellen Sie den Kleinen einfach etwas Marzipanrohmasse hin, lassen Sie die Kids ihre eigenen Pralinen rollen und dann nach Herzenslust in Streuseln wälzen oder ausstechen und verzieren. Die Kunstwerke in Pralinenförmchen legen und bestaunen.

Schulkinder, ran an die Pralinen!

Größere Kinder können Zutaten abwiegen, Füllungen rühren, beim Einfüllen und Verzieren der Pralinen mithelfen. Ab Grundschulalter werden Kinder immer fingerfertiger, und alle, die regelmäßig in der Küche mithelfen, werden schnell auch schwierigere Handgriffe beherrschen. Für Hilfestellungen, insbesondere am Herd, sollte natürlich immer ein Erwachsener parat stehen.

Am besten eignen sich anfangs Rezepte, bei denen fertige Pralinenhalbschalen aus Schokolade gefüllt werden. Der Vorteil der Halbschalen ist, dass sie nicht umhüllt werden müssen und die Kinder die gefüllten Pralinen nach Herzenslust dekorieren können.

Stellen Sie dafür kleine Schälchen mit Streuseln, Perlen oder Streudekor bereit. Im Anfängerkapitel finden Sie viele Rezepte zum Mitmachen oder Selbermachen. Und scheuen Sie sich nicht, Kuvertüre oder Marzipan für selbst gemachte Pralinen bunt einzufärben. Kinder lieben es.

LEVEL 2

FORTGESCHRITTENE

Die ersten Pralinenerfahrungen gemacht
und bereit, sich an etwas aufwendigere Rezepte heranzuwagen?
Die gibt es auf den folgenden Seiten.

Rumrosinen-Pralinen

Zutaten für ca. 60 Stück

Zubereitung: ca. 90 Min. • Ziehen: mind. 12 Std. • Aushärten: mind. 12 Std. • Abkühlen: 30 Min.

Für die Füllung:

60 g Rosinen
60 ml Rum (40 %)
1 EL Zucker
150 g Zartbitterkuvertüre
150 g Sahne
1 EL Akazienhonig
20 g Butter

Für die Hohlkörper:

300 g Vollmilchkuvertüre

Außerdem:

Pralinenformen nach Belieben

2 Tage im Voraus für die Füllung die Rosinen mit dem Rum in einem Topf mischen. Den Zucker dazugeben und die Mischung einmal aufkochen lassen. Beiseitestellen und zugedeckt mindestens 12 Stunden, am besten über Nacht, ziehen lassen.

Am nächsten Tag die Rumrosinen in einem Sieb abtropfen lassen. Die Zartbitterkuvertüre fein hacken und in eine Schüssel geben. Die Sahne mit dem Honig in einem Topf verrühren, aufkochen und zur Kuvertüre geben. Die Kuvertüre unter Rühren in der Sahne schmelzen. 60 g abgetropfte Rumrosinen mit dem Stabmixer unter die Schokosahne mixen, die übrigen Rumrosinen beiseitestellen. Die Butter hinzufügen und alles gut mixen, dabei darauf achten, dass keine Luft in die Masse gelangt. Das gelingt am besten, wenn man den Stabmixer immer ganz unten hält. Die Masse abkühlen lassen.

Die Mulden der Pralinenformen mit Watte gründlich säubern. Für die Hohlkörper die Vollmilchkuvertüre hacken, schmelzen und temperieren (siehe Seite 18). Die Pralinenformen dünn mit Kuvertüre auspinseln und 10 Minuten fest werden lassen. Dann etwas Kuvertüre in die Mulden gießen, die Formen sofort umdrehen und die überschüssige Kuvertüre wieder ausgießen. Die wachsweiche Kuvertüre mit einem Spachtel an den Kanten abkratzen. Hohlkörper fest werden lassen. In jede Mulde 1 der übrigen Rumrosinen geben. Die Füllung in einen Spritzbeutel geben und, bis etwa 1 mm unter den Rand, in die Mulden spritzen. Mindestens 12 Stunden, am besten über Nacht, fest werden lassen.

Am dritten Tag die übrige Vollmilchkuvertüre erneut temperieren. Die Formen mit einem Föhn auf kleinster Stufe 2 bis 3 Sekunden erwärmen. Etwas Kuvertüre auf die Formen gießen und mit einer Palette glatt abstreichen. Etwa 30 Minuten in den Kühlschrank stellen. Sobald sich die Pralinen von den Formen gelöst haben, vorsichtig herausklopfen. Nach Belieben mit 1 gezuckerten Rosine verzieren (siehe Tipp).

Eine Step-by-step-Anleitung zur Herstellung von Formpralinen finden Sie auf Seite 26.

TIPP

Für gezuckerte Rosinen kleine Rosinen dünn mit Kakaobutter bepinseln und in Zucker wälzen. Fest werden lassen. Mit einem Tupfen temperierter Kuvertüre auf die Pralinen kleben.

Vanille-Amaretto-Pralinen

Zutaten für 40 Stück

Zubereitung: ca. 90 Min. • Abkühlen: ca. 1 Std. + ca. 30 Min. • Aushärten: mind. 12 Std.

Für die Füllung:

½ Vanilleschote

220 g weiße Kuvertüre

140 g Sahne

20 g Butter

2 EL Amaretto

Für die Hohlkörper:

50 g Zartbitterkuvertüre

300 g weiße Kuvertüre

Außerdem:

Pralinenformen nach Belieben

Am Vortag für die Füllung die ½ Vanilleschote längs aufschneiden und das Mark mit einem spitzen Messer herauskratzen. Die weiße Kuvertüre klein hacken und in eine Schüssel geben. Die Sahne und die Butter mit Vanillemark und -schote in einem Topf einmal aufkochen. Die Schote entfernen. Die Sahnemischung zur Kuvertüre geben und die Kuvertüre unter Rühren in der Sahne schmelzen. Amaretto unterrühren und das Ganze zugedeckt an einem kühlen Ort etwa 1 Stunde abkühlen lassen.

Die Mulden der Pralinenformen mit Watte gründlich säubern. Für die Hohlkörper die Zartbitterkuvertüre hacken, schmelzen und temperieren (siehe Seite 18). Einen festen Pinsel leicht in die Kuvertüre eintauchen, über die Pralinenformen halten und mit dem Finger darüberstreichen, sodass dünne Kuvertürespritzer in die Formen fliegen. Fest werden lassen. Die weiße Kuvertüre hacken, schmelzen und temperieren. Die Formen dünn mit der weißen Kuvertüre auspinseln. Dann etwas Kuvertüre in die Mulden gießen, die Formen umdrehen und die überschüssige Kuvertüre sofort wieder ausgießen. Die wachsweiche Kuvertüre mit einem Spachtel an den Kanten abkratzen und die Hohlkörper 10 Minuten fest werden lassen. Die restliche Kuvertüre für den nächsten Tag beiseitestellen.

Die abgekühlte Füllung in einen Spritzbeutel mit kleiner Lochtülle füllen und, bis etwa 1 mm unter den Rand, in die Hohlkörper spritzen. An einem kühlen Ort mindestens 12 Stunden, am besten über Nacht, aushärten lassen.

Am nächsten Tag die übrige weiße Kuvertüre erneut temperieren. Die Formen mit einem Föhn auf kleinster Stufe 2 bis 3 Sekunden erwärmen. Etwas Kuvertüre auf die Formen gießen und mit einer Palette glatt abstreichen. Etwa 30 Minuten in den Kühlschrank stellen. Sobald sich die Vanille-Amaretto-Pralinen von den Formen gelöst haben, vorsichtig herausklopfen.

Eine Step-by-step-Anleitung zur Herstellung von Formpralinen finden Sie auf Seite 26.

Aprikosen-Vanille-Pralinen

Als Variante für die Füllung 70 g Sahne mit Vanillemark und -schote in einem Topf aufkochen. In einem zweiten Topf 70 g Aprikosenpüree mit 2 EL Zitronensaft aufkochen. Beides unter die gehackte Kuvertüre rühren, dann den Amaretto untermischen.

Kir-Royal-Trüffel

Zutaten für 63 Stück

Zubereitung: ca. 1 Std. • Abkühlen: ca. 30 Min. • Aushärten: über Nacht + ca. 20 Min.

Für die Cassisfüllung:

140 g weiße Kuvertüre

100 g Sahne

50 g Cassispüree

15 ml Crème-de-Cassis-Likör

7 g Cassispaste

Für die Champagnerfüllung:

70 g weiße Kuvertüre

45 g Vollmilchkuvertüre

70 g Sahne

15 ml flüssige Glukose

15 g Butter

10 g Marc-de-Champagner-Gel

Außerdem:

1 Lage Zartbitter-Trüffelhohlkugeln (63 Stück)

200 g Zartbitterkuvertüre zum Verschließen und Umhüllen

150 g Cassiszucker

Am Vortag für die Cassisfüllung die Kuvertüre fein hacken und in eine Schüssel geben. Die Sahne mit dem Cassispüree in einem Topf aufkochen. Zur gehackten Kuvertüre geben und so lange rühren, bis eine glatte Masse entstanden ist. Crème-de-Cassis-Likör und Cassispaste dazugeben und alles zu einer homogenen Masse rühren. Abkühlen lassen.

Für die Champagnerfüllung beide Kuvertüresorten fein hacken und in eine Schüssel geben. Die Sahne, die Glukose und die Butter in einem Topf aufkochen. Zur gehackten Kuvertüre geben und rühren, bis eine glatte Masse entstanden ist. Das Champagnergel unterrühren. Abkühlen lassen.

Die abgekühlten Füllungen jeweils in einen Spritzbeutel füllen. Die Trüffelhohlkugeln jeweils zur Hälfte mit der Cassis- und der Champagnermasse füllen, dabei 1 mm Rand frei lassen. Über Nacht fest werden lassen.

Am nächsten Tag die Zartbitterkuvertüre zum Verschließen und Umhüllen hacken, über dem heißen Wasserbad schmelzen. Etwas Kuvertüre in eine kleine Spritztüte geben (siehe Seite 22) und die Öffnungen der Hohlkugeln damit verschließen. Fest werden lassen.

Den Cassiszucker in eine Auflaufform geben. Die restliche Kuvertüre erneut erhitzen. Die Handfläche mit warmer Kuvertüre benetzen und die Pralinen darin rasch rollen, bis sie mit einer dünnen Schicht umhüllt sind. Dann sofort im Cassiszucker wälzen, auf Backpapier setzen und etwa 20 Minuten aushärten lassen.

Eine Step-by-step-Anleitung zur Herstellung und zum Wälzen von Trüffelpralinen finden Sie auf Seite 29 und 30.

TIPP

Wer mag, kann die Trüffel noch filieren: dafür etwas temperierte Zartbitterkuvertüre in eine kleine Spritztüte füllen und feine Linien auf die Praline spritzen.

Weinbrand-Trüffel

Zutaten für 63 Stück

Zubereitung: ca. 1 Std. • Abkühlen: ca. 30 Min. • Aushärten: mind. 12 Std. + ca. 20 Min.

Für die Weinbrand-Füllung:

270 g Vollmilchkuvertüre

150 g Sahne

30 ml Weinbrand

Außerdem:

1 Lage weiße Trüffelhohlkörper (63 Stück)

300 g Vollmilchkuvertüre zum Verschließen und Umhüllen

Zartbitterkuvertüre nach Belieben

Am Vortag für die Füllung die Kuvertüre fein hacken und in eine Schüssel geben. Die Sahne aufkochen. Zur gehackten Kuvertüre geben und so lange rühren, bis eine glatte Masse entstanden ist. Den Weinbrand unterrühren. Abkühlen lassen.

Die Weinbrand-Füllung in einen Spritzbeutel geben. Die Trüffelhohlkugeln damit, bis etwa 1 mm unter den Rand, füllen und über Nacht fest werden lassen.

Am nächsten Tag die Vollmilchkuvertüre zum Umhüllen hacken, im heißen Wasserbad schmelzen und temperieren (siehe Seite 18). Etwas Kuvertüre in eine kleine Spritztüte füllen (siehe Seite 22) und die Öffnungen der Hohlkugeln damit verschließen. Fest werden lassen.

Die restliche Vollmilchkuvertüre erneut schmelzen und temperieren, die Pralinen darin tauchen, abtropfen lassen und auf ein Pralinengitter setzen. Sobald die Kuvertüre anfängt anzuziehen, die Pralinen igeln. Dafür die Trüffel mit der Pralinengabel auf dem Gitter hin- und herrollen, sodass kleine Spitzen entstehen. Die Pralinen auf Backpapier setzen und fest werden lassen. Danach nach Belieben zusätzlich mit Zartbitterkuvertüre dünn filieren (siehe Tipp und Seite 33).

Variante

Statt Weinbrand schmeckt auch Orangenlikör gut als Trüffelfüllung.

Eine Step-by-step-Anleitung zur Herstellung und zum Igeln von Trüffelpralinen finden Sie auf Seite 29 und 31.

Magische Milch

Legen Sie die Chocolate Bombs in eine Tasse oder ein Glas und gießen Sie heiße Milch darüber …

… Abrakadabra – die Kugel schmilzt und die Mini-Marshmallows ploppen nach oben. Sieht witzig aus und schmeckt einfach herrlich.

Chocolate Bombs

Zutaten für 6 Stück
Zubereitung: ca. 90 Min. • Aushärten: ca. 30 Min. + ca. 20 Min.

300 g Lieblingskuvertüre (weiß, Vollmilch, Zartbitter, Ruby)

6 TL Kakaopulver

6 TL Mini-Marshmallows

6 TL Sirup (Karamell, Vanille, Macadamia, Nougat oder Pfefferminz)

Außerdem:

1 Pralinenhalbkugelform mit 5 cm Durchmesser und 12 Mulden

Zuckerdekor zum Verzieren nach Belieben

Die Pralinenhalbkugelform mit Watte gründlich säubern. Die Kuvertüre hacken, in einer Schüssel über dem heißen Wasserbad schmelzen und temperieren (siehe Seite 18). Die Mulden der Form mit der Kuvertüre auspinseln. Fest werden lassen. Dann etwas Kuvertüre in die Mulden gießen, überschüssige Kuvertüre sofort wieder ausgießen und die wachsweiche Kuvertüre an den Kanten mit einer Teigkarte abkratzen (siehe Seite 26). Den Vorgang noch zwei- bis dreimal wiederholen. Die Form 30 Minuten in den Kühlschrank stellen.

Sobald sich die Kuvertüre von der Form gelöst hat, die Schokoladenhalbkugeln vorsichtig herauslösen. Einen flachen Teller auf dem Wasserbad erwärmen und die Halbkugeln kurz daraufhalten, sodass die Ränder glatt und eben werden. Die Hälfte der Halbkugeln mit Kakaopulver, Marshmallows und Sirup füllen. Den Rand der übrigen Halbkugeln mit temperierter Kuvertüre bestreichen, bündig auf die gefüllten Halbkugeln setzen und leicht andrücken. Darauf achten, dass die Kugeln gut verschlossen sind. Fest werden lassen.

Restliche Kuvertüre erneut schmelzen und temperieren. Die Handfläche mit warmer Kuvertüre benetzen, die Pralinen darin rollen, bis sie mit einer dünnen Schicht umhüllt sind (siehe Seite 30). Auf Backpapier setzen, aushärten lassen. Die übrige Kuvertüre erneut temperieren. In eine kleine Spritztüte füllen und in dünnen Fäden über die Pralinen laufen lassen. Nach Belieben mit Zuckerdekor bestreuen.

Schokokugeln für Kreative

Chocolate Bombs sind ein leckeres Mitbringsel und ihre Füllung lässt sich nach Herzenslust variieren. Zum Beispiel mit je 1 TL Kakaogetränkepulver, egal ob Vanille-, Erdbeer-, Schokoladen- oder Karamellgeschmack. Oder mit je 1 TL Zuckerstreuseln, Erdbeerzucker, Rosenzucker, Honig, klein geschnittenen Nougat- oder After-Eight-Stücken. Je 1 Msp. Zimt, Lebkuchengewürz oder Chili geben das gewisse Etwas, ebenso ein paar Tropfen Rum-, Amaretto- oder Mandelaroma. Beschwippst werden die Bombs mit je 1 TL Amaretto, Eierlikör oder Rum.

Lavendelpralinen

Zutaten für ca. 30 Stück

Zubereitung: ca. 90 Min. • Abkühlen: ca. 1 Std. + ca. 30 Min. • Aushärten: mind. 12 Std.

Für die Füllung:

120 g Sahne

1 EL Lavendelblütenhonig

140 g Vollmilchkuvertüre

15 g Kakaobutter

10 g weiche Butter

2–3 Tropfen Lavendelöl

2 EL Grand Marnier®

Für die Hohlkörper:

20 g weiße Kuvertüre

1 Msp. lila Schokoladenfarbe in Pulverform

300 g Vollmilchkuvertüre

Außerdem:

Pralinenformen nach Belieben

kandierte Veilchenblütenblätter

Am Vortag für die Füllung die Sahne mit dem Honig in einem Topf aufkochen. Die Vollmilchkuvertüre und die Kakaobutter hacken, dazugeben und unter Rühren in der heißen Sahne schmelzen. Die Butter unterrühren. Das Lavendelöl und den Grand Marnier® ebenfalls untermischen. Die Füllung zugedeckt etwa 1 Stunde kühl stellen.

Die Mulden der Pralinenformen mit Watte gründlich säubern. Für die Hohlkörper die weiße Kuvertüre hacken, schmelzen, temperieren (siehe Seite 18) und mit der Farbe mischen. Einen Teil der Pralinenformen, zum Beispiel den äußeren Ring der Mulden, damit auspinseln. Die Vollmilchkuvertüre hacken, schmelzen und temperieren. Die Formen dünn damit auspinseln, fest werden lassen. Dann etwas Kuvertüre in die Mulden gießen und überschüssige Kuvertüre sofort wieder ausgießen. Die wachsweiche Kuvertüre an den Kanten abkratzen und die Hohlkörper 10 Minuten fest werden lassen. Die restliche Kuvertüre für den nächsten Tag beiseitestellen.

Die Füllung in einen Spritzbeutel geben und, bis etwa 1 mm unter den Rand, in die Hohlkörper spritzen. An einem kühlen Ort mindestens 12 Stunden, am besten über Nacht, aushärten lassen.

Am nächsten Tag die übrige Vollmilchkuvertüre hacken, schmelzen und temperieren. Die Formen mit einem Föhn 2 bis 3 Sekunden erwärmen. Etwas Kuvertüre auf die Formen gießen und mit einer Palette glatt abstreichen. Die Formen etwa 30 Minuten in den Kühlschrank stellen. Sobald sich die Lavendelpralinen von den Formen gelöst haben, vorsichtig herausklopfen und mit Veilchenblütenblättern verzieren. Dafür etwas übrige temperierte Vollmilchkuvertüre in eine kleine Spritztüte füllen (siehe Seite 22) und die Veilchenblütenblätter mit einem kleinen Tupfen festkleben.

Eine Step-by-step-Anleitung zur Herstellung von Formpralinen finden Sie auf Seite 26.

VARIANTE

Für einen reinen Grand-Marnier®-Trüffel das Lavendelöl weglassen. Nach Belieben mit weißer Kuvertüre verzieren.

Cappuccino-Ecken

Zutaten für ca. 80 Stück

Zubereitung: ca. 1 Std. • Ziehen: ca. 3–4 Std. • Aushärten: mind. 12 Std. + ca. 20 Min.

Für die Ganache:

20 g Kaffeepulver

1 EL Kaffeebohnen, zerstoßen

400 g Sahne

1 Stück Vanilleschote (2–3 cm)

210 g Zartbitterkuvertüre

140 g Vollmilchkuvertüre

3 cl Kaffeelikör

2 cl Arrak

40 g Butter

Außerdem:

Pralinenrahmen mit 20 × 27 cm oder 4 Metallstäbe

ca. 300 g weiße Kuvertüre zum Bestreichen und Überziehen

Zartbitterschokoladenspäne

Am Vortag ein Backblech mit Backpapier oder einer Silikonmatte belegen und einen Pralinenrahmen oder 4 Metallstäbe in der Größe 20 × 27 cm daraufsetzen.

Für die Ganache das Kaffeepulver mit den zerstoßenen Kaffeebohnen, der Sahne und dem Stück Vanilleschote in einem Topf einmal aufkochen, dann vom Herd nehmen und zugedeckt 3 bis 4 Stunden ziehen lassen. Durch ein Sieb oder einen Kaffeefilter gießen und 270 ml abmessen. Die Kaffeesahne nochmals kurz erhitzen.

Beide Kuvertüresorten klein hacken und zur heißen Kaffeesahne geben. Mit dem Stabmixer zu einer glatten Masse mixen, dabei darauf achten, dass keine Luft hineingelangt. Das gelingt am besten, wenn man den Stabmixer immer ganz unten in der Mischung hält. Den Kaffeelikör, den Arrak und zuletzt die Butter ebenfalls untermixen. Die Ganache in den Pralinenrahmen oder die Metallstäbe füllen und glatt streichen. An einem kühlen Ort mindestens 12 Stunden, am besten über Nacht, fest werden lassen.

Am nächsten Tag den Rahmen oder die Stäbe lösen und entfernen. Die weiße Kuvertüre hacken und eine kleine Portion schmelzen, aber nicht temperieren. Die Ganache dünn damit bestreichen. Sobald die Kuvertüre fest geworden ist, die Platte wenden und auf der anderen Seite ebenfalls dünn mit Kuvertüre bestreichen. Fest werden lassen und die Platte mit einem angewärmten Messer in etwa 2 × 3 cm große Rechtecke schneiden.

Die übrige weiße Kuvertüre schmelzen und temperieren (siehe Seite 18). Die Pralinenrohlinge mithilfe einer Pralinengabel darin eintauchen und mit Kuvertüre überziehen (siehe Seite 25). Auf einen Bogen Backpapier oder eine Silikonmatte setzen. Sofort mit dunklen Schokoladenspänen verzieren. Die Kuvertüre etwa 20 Minuten aushärten lassen.

Eine Step-by-step-Anleitung zur Herstellung von Schnittpralinen finden Sie auf Seite 32.

Aperol®-Trüffelspitzen

Zutaten für ca. 50 Stück

Zubereitung: ca. 1 Std. • Aushärten: mind. 12 Std. + ca. 20 Min.

Für die Kuvertüreplättchen:

100 g weiße Kuvertüre

Für die Füllung:

150 g weiße Kuvertüre

60 g Butter

20 g Puderzucker

abgeriebene Schale von ½ Bio-Orange

2 EL Orangensaft

1 EL Zitronensaft

3–4 EL Aperol®

40 ml Sekt

Außerdem:

300 g weiße Kuvertüre zum Überziehen

1 TL orange Lebensmittelfarbe in Pulverform

Am Vortag für die Kuvertüreplättchen die Kuvertüre hacken, schmelzen und halb temperieren (siehe Seite 19). Die Kuvertüre in einer Größe von 30 × 20 cm dünn auf Backpapier streichen und nur kurz anziehen lassen, bis sie wachsweich ist. Einen runden Ausstecher mit etwa 2,5 cm Durchmesser leicht anwärmen und im Abstand von etwa 5 mm Kreise ausstechen. Kurz anziehen lassen, ein zweites Backpapier auflegen, die Kuvertüreplatte wenden und auf dem Papier aushärten lassen.

Für die Füllung die Kuvertüre grob hacken und schmelzen. Die Butter mit dem Puderzucker und der Orangenschale glatt rühren, Orangen- und Zitronensaft dazugeben. Die Kuvertüre unterrühren und zum Schluss Aperol® und Sekt untermischen.

Die Masse in einen Spritzbeutel mit mittlerer Lochtülle füllen und Tupfen auf die Kuvertüreplättchen spritzen. An einem kühlen Ort mindestens 12 Stunden, am besten über Nacht, aushärten lassen.

Am nächsten Tag die Kuvertüre zum Überziehen hacken, schmelzen und temperieren (siehe Seite 18). Die Trüffelspitzen mithilfe einer Pralinengabel in die Kuvertüre tauchen, mehrmals auf und ab bewegen, damit die überschüssige Kuvertüre abtropft, über dem Schüsselrand vorsichtig abstreifen und auf Backpapier oder eine Silikonmatte setzen. Die Kuvertüre 20 Minuten aushärten lassen. Die obersten Trüffelspitzen in das orange Farbpulver tauchen.

Eine Step-by-step-Anleitung zur Herstellung von aufgespritzten Pralinen finden Sie auf Seite 24 und 25.

Bananen-Rum-Würfel

Zutaten für ca. 60 Stück

Zubereitung: ca. 1 Std. • Aushärten: mind. 12 Std. + ca. 20 Min.

Für die Bananen-Rum-Masse:

170 g Vollmilchkuvertüre

100 g Zartbitterkuvertüre

30 g Zucker

50 g Butter, in Würfeln

330 g reifes Bananenfruchtfleisch

1 EL Honig

¼ TL frisch geriebene Muskatnuss

2 EL Rum

Außerdem:

Pralinerahmen mit 20 × 25 cm oder 4 Metallstäbe

300 g Zartbitterkuvertüre zum Bestreichen und Überziehen

gemusterte Strukturfolie (Bezugsquellen Seite 158)

Am Vortag ein Backblech mit Backpapier oder einer Silikonmatte belegen und einen Pralinenrahmen oder 4 Metallstäbe in der Größe 20 × 25 cm daraufsetzen.

Für die Bananen-Rum-Masse beide Kuvertüresorten hacken und über dem heißen Wasserbad schmelzen. Inzwischen den Zucker in einem Topf goldbraun karamellisieren. Die Butterwürfel dazugeben und unterruhren. Das Bananenfruchtfleisch mit einer Gabel zerdrücken und zum Karamell geben. Alles 3 bis 4 Minuten kochen lassen. Den Honig und die Muskatnuss unterrühren und das Ganze noch einmal aufkochen.

Den Topf vom Herd nehmen und die geschmolzene Kuvertüre unter die Bananenmischung rühren. Den Rum dazugeben und das Ganze mit dem Stabmixer gründlich mixen, dabei darauf achten, dass keine Luft hineingelangt. Das gelingt am besten, wenn man den Stabmixer immer ganz unten in der Mischung hält. Die Mischung in den Pralinenrahmen oder die Metallstäbe füllen und glatt streichen. An einem kühlen Ort mindestens 12 Stunden, am besten über Nacht, fest werden lassen.

Am nächsten Tag den Rahmen oder die Stäbe lösen und abheben. Die Zartbitterkuvertüre zum Bestreichen und Überziehen hacken und eine kleine Portion schmelzen, aber nicht temperieren. Die Pralinenplatte dünn damit bestreichen. Sobald die Kuvertüre fest geworden ist, die Platte wenden und auf der anderen Seite ebenfalls dünn mit Kuvertüre bestreichen. Fest werden lassen. Anschließend mit einem angewärmten Messer in etwa 2,5 × 2,5 cm große Quadrate schneiden.

Die übrige gehackte Zartbitterkuvertüre schmelzen und temperieren (siehe Seite 18). Die Pralinenrohlinge mit der Kuvertüre überziehen (siehe Seite 25). Sofort auf eine Strukturfolie setzen. Die Kuvertüre 20 Minuten aushärten lassen, dann die Pralinen vorsichtig abziehen

Eine Step-by-step-Anleitung zur Herstellung von Schnittpralinen finden Sie auf Seite 32.

Macadamiamarzipan mit Salz-Karamell

Zutaten für ca. 60 Stück
Zubereitung: ca. 90 Min. • Aushärten: mind. 12 Std. + ca. 20 Min.

Für die Kuvertüreplättchen:

100 g Zartbitterkuvertüre

Für das Macadamiamarzipan:

150 g Marzipanrohmasse

30 g Butter

2–3 EL Cognac

50 g gemahlene Macadamianüsse

Für den Karamell:

1 EL Honig

40 g Zucker

10 g Butter

¼ TL Fleur de Sel

100 g Sahne

Außerdem:

ca. 300 g Zartbitterkuvertüre zum Überziehen

ca. 60 Macadamianusshälften

Am Vortag für die Kuvertüreplättchen die Kuvertüre hacken, über dem heißen Wasserbad schmelzen und halb temperieren (siehe Seite 19). In einer Größe von 30 × 20 cm dünn auf Backpapier streichen und wachsweich werden lassen. Einen runden Ausstecher mit 2,5 cm Durchmesser leicht anwärmen und im Abstand von etwa 5 mm Kreise ausstechen. Ein zweites Backpapier auf die ausgestochenen Kreise legen und mit Schwung umdrehen. Aushärten lassen.

Für das Macadamiamarzipan die Marzipanrohmasse mit der Butter, dem Cognac und den gemahlenen Nüssen mit den Händen zu einer glatten Masse kneten. In einen Spritzbeutel mit mittlerer Lochtülle füllen und beiseitelegen.

Für den Karamell den Honig mit dem Zucker in einem Topf schmelzen. Die Butter und das Fleur de Sel unterrühren. Die Sahne erhitzen und die Salz-Karamell-Mischung damit ablöschen. Das Ganze einmal aufkochen und abkühlen lassen.

Das Macadamiamarzipan in flachen Tupfen auf die Kuvertüreplättchen spritzen. Den Karamell in einen Papierspritzbeutel füllen, falls er schon zu fest ist, vorher kurz erwärmen. Einen erbsengroßen Tupfen Karamell auf das Marzipan spritzen. Das Ganze mindestens 12 Stunden, am besten über Nacht, fest werden lassen.

Am nächsten Tag die Zartbitterkuvertüre zum Überziehen hacken, schmelzen und temperieren (siehe Seite 18). Die Pralinen mithilfe einer Pralinengabel in die Kuvertüre tauchen, mehrmals auf und ab bewegen, damit die überschüssige Kuvertüre abtropft, über dem Schüsselrand vorsichtig abstreifen und auf Backpapier oder eine Silikonmatte setzen. Sofort je 1 Macadamianusshälfte auf die weiche Kuvertüre setzen. Die Pralinen 20 Minuten aushärten lassen.

Eine Step-by-step-Anleitung zur Herstellung von aufgespritzten Pralinen finden Sie auf Seite 24 und 25.

TIPP

Wer möchte, kann die Pralinen noch in 50 g temperierter Vollmilch-kuvertüre absetzen: 2 mm in die Kuvertüre tauchen und auf Back-papier aushärten lassen.

Pistazien-Mandelnougat-Pralinen

Zutaten für 80 Stück

Zubereitung: ca. 90 Min. • Aushärten: mind. 12 Std. + ca. 20 Min.

Für die Pralinenmasse:

70 g Zucker

30 g Pistazienkerne

550 g Mandelnougat

15 g Vollmilchkuvertüre

15 g Kakaobutter

Außerdem:

1 Pralinenrahmen mit 20 × 20 cm oder 4 Metallstäbe

300 g Vollmilchkuvertüre zum Bestreichen und Überziehen

40 Pistazienkerne zum Verzieren

Am Vortag ein Backblech mit Backpapier oder einer Silikonmatte belegen und einen Pralinenrahmen oder 4 Metallstäbe in der Größe 20 × 20 cm daraufsetzen.

Für die Pralienmasse den Zucker schmelzen, die Pistazienkerne unterrühren und die Masse fingerdick auf Backpapier gießen. Kalt werden lassen und grob reiben.

Das Mandelnougat über dem Wasserbad oder in der Mikrowelle langsam flüssig werden lassen. Die Kuvertüre hacken und mit der Kakaobutter über dem Wasserbad schmelzen. Unter das Mandelnougat rühren. Zuletzt den geriebenen Pistazienkrokant untermischen. Die Masse in den Pralinenrahmen oder die Metallstäbe gießen, glatt streichen und mindestens 12 Stunden, am besten über Nacht, fest werden lassen.

Am nächsten Tag den Rahmen oder die Stäbe lösen und abheben. Die Kuvertüre zum Bestreichen und Überziehen hacken, über dem heißen Wasserbad schmelzen und temperieren (siehe Seite 18). Die Pralinenplatte dünn damit bestreichen. Sobald die Kuvertüre fest geworden ist, die Platte wenden und auf der anderen Seite ebenfalls dünn mit Kuvertüre bestreichen. Fest werden lassen.

Die Pistazien längs halbieren. Die Platte mit einem angewärmten Messer in etwa 3 × 1,5 cm große Pralinen schneiden. Die Kuvertüre erneut schmelzen und temperieren. Die Pralinen damit überziehen. Dafür in Kuvertüre eintauchen, überschüssige Kuvertüre abtropfen lassen und die Pralinen auf Backpapier setzen (siehe Seite 25).

Mit einer Pralinengabel die Oberfläche der überzogenen Pralinen antupfen und die Gabel nach oben wegziehen, sodass ein Gabelstrich entsteht. Auf die noch weiche Kuvertüre je eine halbe Pistazie setzen. Etwa 20 Minuten fest werden lassen.

Eine Step-by-step-Anleitung zur Herstellung von Schnittpralinen finden Sie auf Seite 32.

Himbeertropfen

Für Himbeertropfen nur die Himbeermasse zubereiten, in einen Spritzbeutel mit mittlerer Lochtülle geben und tropfenförmig auf ein Backpapier spritzen. Mindestens 12 Stunden fest werden lassen. Mit Zartbitterkuvertüre überziehen und in Kakaopulver wälzen.

Litschi-Rosengelee-Pralinen

Zutaten für ca. 50 Stück

Zubereitung: ca. 90 Min. • Abkühlen: ca. 1 Std. • Aushärten: 2-mal mind. 12 Std. + ca. 20 Min.

Für das Gelee:

170 g Litschipüree

1 gestr. TL Pektin

170 g Zucker

1 TL Zitronensäure

3–5 Tropfen Rosenwasser

Für die Himbeermasse:

2 EL Zucker

¼ TL Pektin

140 g Himbeerpüree (gekauft oder selbst gemacht, siehe Tipp Seite 62)

100 g Zartbitterkuvertüre

60 g Vollmilchkuvertüre

1 EL Himbeergeist

Außerdem:

Pralinenrahmen mit 15 × 27 cm oder 4 Metallstäbe

300 g Zartbitterkuvertüre zum Bestreichen und Überziehen

50 kleine kandierte Rosenblütenblätter (siehe Seite 33)

2 Tage im Voraus für das Gelee ein Backblech mit Backpapier oder einer Silikonmatte belegen und einen Pralinenrahmen oder 4 Metallstäbe in der Größe 15 × 27 cm daraufsetzen. Das Litschipüree mit dem Pektin und 20 g Zucker in einem Topf mischen, erhitzen und aufkochen lassen. Den restlichen Zucker dazugeben und auf 104 °C erhitzen, mit dem Thermometer prüfen! Zitronensäure und Rosenwasser dazugeben und alles gut vermischen. Gelee in den Rahmen oder die Metallstäbe füllen, zügig glatt streichen. Mindestens 12 Stunden, am besten über Nacht, fest werden lassen.

Am nächsten Tag den Rahmen oder die Stäbe lösen und abheben. Die Zartbitterkuvertüre zum Bestreichen und Überziehen hacken und eine kleine Portion zum Bestreichen schmelzen, nicht temperieren. Die restliche Kuvertüre für den nächsten Tag beiseitestellen. Die Geleeplatte nacheinander auf jeder Seite dünn mit der geschmolzenen Kuvertüre bestreichen. Jeweils fest werden lassen. Mit einem angewärmten Messer in 2,5 cm große Würfel schneiden.

Für die Himbeermasse 1 EL Zucker und das Pektin mischen. Mit dem Himbeerpüree in einem Topf verrühren und aufkochen. Übrigen Zucker dazugeben und die Mischung auf 103 °C erhitzen, mit dem Thermometer prüfen! Auf 90 °C abkühlen lassen. Beide Kuvertüresorten hacken, mit dem Stabmixer unter das Püree mixen, dabei keine Luft einmixen. Himbeergeist unterrühren. Die Masse 1 Stunde abkühlen lassen, dabei öfter durchrühren. In einen Spritzbeutel mit Lochtülle füllen. Je einen Tupfen auf jeden Geleewürfel spritzen. Mindestens 12 Stunden, am besten über Nacht, fest werden lassen.

Am dritten Tag die restliche Zartbitterkuvertüre schmelzen und temperieren (siehe Seite 18). Pralinen damit überziehen (siehe Seite 25), auf Backpapier legen. Rosenblütenblätter auf die weiche Kuvertüre setzen. 20 Minuten aushärten lassen.

Eine Step-by-step-Anleitung zur Herstellung von Schnittpralinen finden Sie auf Seite 32.

Honig-Karamell-Pralinen

Zutaten für ca. 60 Stück

Zubereitung: ca. 90 Min. • Aushärten: mind. 12 Std. + ca. 20 Min. • Abkühlen: ca. 30 Min.

Für die Füllung:

90 g Zucker

90 g Butter, in Würfeln

110 g Honig

50 g Sahne

90 g weiße Kuvertüre

4 cl Amaretto

Für die Hohlkörper:

300 g Zartbitterkuvertüre

Außerdem:

Pralinenformen nach Belieben

Goldpuder

Am Vortag für die Füllung den Zucker in einem Topf schmelzen, die Butterwürfel unterrühren und den Topf vom Herd nehmen. Den Honig dazugeben und alles zu einer glatten Masse rühren. Die Sahne erhitzen und ebenfalls unterrühren. Die Mischung kurz aufkochen und auf etwa 60 °C abkühlen lassen. Die weiße Kuvertüre hacken und unterrühren. Zum Schluss den Amaretto unterrühren. Die Mischung abkühlen lassen.

Die Mulden der Pralinenformen mit Watte gründlich säubern. Für die Hohlkörper die Zartbitterkuvertüre hacken, über dem heißen Wasserbad schmelzen und temperieren (siehe Seite 18). Die Formen dünn mit der Kuvertüre auspinseln. Dann etwas Kuvertüre in die Mulden gießen und überschüssige Kuvertüre sofort wieder ausgießen. Die wachsweiche Kuvertüre an den Kanten mit einem Spachtel abkratzen und die Hohlkörper 10 Minuten fest werden lassen. Die restliche Kuvertüre für den nächsten Tag beiseitestellen.

Die abgekühlte Füllung in einen Spritzbeutel füllen und, bis etwa 1 mm unter den Rand, in die Pralinenform spritzen. Mindestens 12 Stunden, am besten über Nacht, fest werden lassen.

Am nächsten Tag die übrige Zartbitterkuvertüre über dem Wasserbad schmelzen und temperieren. Die Formen mit einem Föhn auf kleinster Stufe 2 bis 3 Sekunden erwärmen. Etwas Kuvertüre auf die Formen gießen und mit einer Palette glatt abstreichen. Die Formen etwa 30 Minuten in den Kühlschrank stellen. Sobald sich die Honig-Karamell-Pralinen von den Formen gelöst haben, vorsichtig herausklopfen und mit Goldpuder verzieren.

Eine Step-by-step-Anleitung zur Herstellung von Formpralinen finden Sie auf Seite 26.

Mozartkugeln

Zutaten für ca. 25 Stück

Zubereitung: ca. 90 Min. • Aushärten: ca. 2 Std.

Für den Nougatkern:

100 g Nussnougat

Für das Pistazienmarzipan:

40 g Pistazienkerne

80 g Puderzucker

100 g Marzipanrohmasse

1 EL Rum

Für die Marzipanhülle:

100 g Marzipanrohmasse

50 g Puderzucker

1 Msp. Vanillemark

1 TL Rum

Außerdem:

300 g Zartbitterkuvertüre zum Umhüllen

20 g gehackte Pistazien zum Bestreuen nach Belieben

Für den Nougatkern aus dem Nougat 25 gleich große Kugeln formen und an einem kühlen Ort fest werden lassen, eventuell kurz in den Kühlschrank stellen.

Für das Pistazienmarzipan die Pistazien und den Puderzucker mit dem Multizerkleinerer zu einem mehlartigen Pulver mixen. Mit der Marzipanrohmasse und dem Rum verkneten und aus der Masse 25 gleich große Kugeln formen. Mit Frischhaltefolie abdecken. Beiseitestellen.

Für die Marzipanhülle die Marzipanrohmasse mit Puderzucker, Vanillemark und Rum verkneten und daraus 25 Kugeln formen. Mit Frischhaltefolie abdecken.

Zuerst die Pistazienkugeln mit dem Nudelholz jeweils so groß ausrollen, dass die Nougatkugeln mittig hineingelegt werden können. Die Nougatkugeln gleichmäßig mit der Pistazienmasse umhüllen und vorsichtig zu Kugeln rollen.

Die Marzipankugeln ebenfalls mit dem Nudelholz jeweils so groß ausrollen, dass die Pistazien-Nougat-Kugeln hineingelegt werden können. Die Kugeln gleichmäßig mit Marzipan umhüllen und vorsichtig wieder zu Kugeln rollen. Die Kugeln etwa 2 Stunden antrocknen lassen.

Die Kuvertüre hacken, über dem heißen Wasserbad schmelzen und temperieren (siehe Seite 18). Die Handfläche mit warmer Kuvertüre benetzen und die Pralinen darin rasch rollen, bis sie mit einer dünnen Schicht umhüllt sind. Die Mozartkugeln auf Backpapier setzen. Nach Belieben mit gehackten Pistazien bestreuen.

Marille-Mohn-Pralinen

Zutaten für 50 Stück

Zubereitung: ca. 90 Min. • Abkühlen: 2-mal ca. 30 Min. • Aushärten: mind. 12 Std. + ca. 10 Min.

Für die Füllung:

90 g Sahne

60 ml flüssiger Fondant

20 g Kakaobutter

1 TL gemahlener Mohn

170 g weiße Kuvertüre

140 g Aprikosenpüree

20 ml Marillengeist

1 Msp. Zitronensäure

Außerdem:

Pralinenformen für Schokoriegel oder nach Belieben

400 g weiße Kuvertüre für die Hohlkörper

½ TL gemahlener Mohn

Am Vortag für die Füllung die Sahne, den Fondant und die Kakaobutter zum Kochen bringen. Den Mohn dazugeben und nochmals kurz aufkochen. Den Topf vom Herd nehmen. Die Kuvertüre hacken und dazugeben. Sobald sie sich aufgelöst hat, die restlichen Zutaten unterrühren. Abkühlen lassen.

Die Mulden der Pralinenformen mit Watte gründlich säubern. Die Kuvertüre für die Hohlkörper hacken, über dem heißen Wasserbad schmelzen und temperieren (siehe Seite 18). Etwa 100 g Kuvertüre mit ½ TL Mohn verrühren und die Mulden damit dünn auspinseln. Dann etwas weiße Kuvertüre in die Mulden gießen und die überschüssige Kuvertüre sofort wieder ausgießen. Die wachsweiche Kuvertüre an den Kanten abkratzen und die Hohlkörper etwa 10 Minuten fest werden lassen. Die restliche Kuvertüre für den nächsten Tag beiseitestellen.

Die Füllung in einen Spritzbeutel geben und, bis etwa 1 mm unter den Rand, in die Hohlkörper spritzen. Mindestens 12 Stunden, am besten über Nacht, fest werden lassen.

Am nächsten Tag die restliche weiße Kuvertüre erneut schmelzen und temperieren. Die Pralinenformen mit einem Föhn auf kleinster Stufe 2 bis 3 Sekunden erwärmen. Etwas Kuvertüre auf die Formen gießen und mit einer Palette glatt abstreichen. Die Formen etwa 30 Minuten in den Kühlschrank stellen. Sobald sich die Kuvertüre von den Formen gelöst hat, die Pralinen vorsichtig herausklopfen.

Eine Step-by-step-Anleitung zur Herstellung von Formpralinen finden Sie ab Seite 26.

XL-Pralinen mit Aprikosen und Thymian

Zutaten für ca. 30 Stück

Zubereitung: ca. 90 Min. • Ziehen: mind. 12 Std. + ca. 30 Min. • Aushärten: mind. 12 Std. + ca. 30 Min.

Für das Aprikosenmarzipan:

75 g getrocknete Aprikosen

3 cl Aprikosengeist, eventuell etwas mehr

75 g Marzipanrohmasse

Für die Thymianmasse:

100 g Sahne, eventuell etwas mehr

4–5 Zweige Thymian

250 g Vollmilchkuvertüre

1 cl Aprikosengeist

Außerdem:

ca. 380 g Vollmilchkuvertüre

50 g weiße Kuvertüre

1 Msp. orange Schokoladenfarbe in Pulverform

30 getrocknete Aprikosenblumen und 30 kleine Stücke gezuckerte Thymianzweige (siehe Seite 33)

2 Tage im Voraus für das Aprikosenmarzipan die Aprikosen mindestens 12 Stunden, am besten über Nacht, in 3 cl Aprikosengeist einlegen.

Am nächsten Tag die Aprikosen mit dem Marzipan im Multizerkleinerer sehr fein mixen. Ggf. etwas mehr Aprikosengeist untermixen, bis die Mischung spritzfähig ist.

Für die Thymianmasse die Sahne aufkochen, Thymian 30 Minuten darin ziehen lassen, dann entfernen und die Sahne nochmals aufkochen. Wenn nötig, wieder auf 100 g auffüllen. Die Kuvertüre fein hacken, schmelzen und in eine Schüssel geben. Die Sahne sorgfältig unterrühren. Den Aprikosengeist untermischen. Abkühlen lassen.

Die Vollmilchkuvertüre hacken. 300 g beiseitestellen. 80 g schmelzen, aber nicht temperieren und in einer Größe von etwa 20 × 30 cm dünn auf Backpapier streichen. Kurz anziehen lassen, bis sie wachsweich ist. Die Thymianmasse in einen Spritzbeutel mit mittlerer Lochtülle füllen. Auf die Kuvertüreplatte als lange Stränge so aufspritzen, dass sich immer zwei Stränge berühren. Das Aprikosenmarzipan in einen Spritzbeutel mit mittlerer Lochtülle füllen und jeweils mittig auf die Thymianstränge aufspritzen. Das Ganze mindestens 12 Stunden, am besten über Nacht, aushärten lassen.

Am dritten Tag mit einem angewärmten scharfen Messer die Kuvertüre vom Papier lösen. Die zusammengesetzten Pralinenstränge in 5 cm lange Stücke schneiden. Die übrige gehackte Vollmilchkuvertüre vom Vortag schmelzen und temperieren (siehe Seite 18). Die Pralinen damit überziehen (siehe Seite 25) und auf Backpapier setzen. Die Kuvertüre 10 Minuten aushärten lassen. Die weiße Kuvertüre schmelzen, temperieren und mit der Farbe mischen. Die Pralinen damit filieren (siehe Seite 33). Aushärten lassen. Etwas übrige Vollmilchkuvertüre temperieren, in eine kleine Spritztüte geben (siehe Seite 22) und die Aprikosenblumen und die Thymianzweige mit einem kleinen Tupfen Kuvertüre festkleben.

Aloe-vera-Rooibos-Pralinen

Zutaten für 50 Stück
Zubereitung: ca. 90 Min. • Abkühlen: ca. 30 Min. • Aushärten: mind. 12 Std. + ca. 20 Min.

Für die Hohlkörper:
50 g Kakaobutter
Schokoladenfarbe in Rot
300 g Zartbitterkuvertüre

Für die Füllung:
80 g Kuvertüre (55 % Kakaoanteil)
130 g Kuvertüre (37 % Kakaoanteil)
70 g Sahne, eventuell etwas mehr
1 Beutel Rooibostee
10 g Butter
40 g Honig
80 g Aloe-vera-Gel

Außerdem:
Pralinenformen nach Belieben

Am Vortag die Mulden der Pralinenformen mit Watte gründlich säubern. Für die Hohlkörper die Kakaobutter erhitzen und mit der Schokoladenfarbe rot färben. Damit in jede Mulde einen Tupfen setzen. Fest werden lassen.

Die Zartbitterkuvertüre hacken, über dem heißen Wasserbad schmelzen und temperieren (siehe Seite 18). Die Mulden der Form damit dünn auspinseln. Dann etwas Kuvertüre in die Mulden gießen und die überschüssige Kuvertüre sofort wieder ausgießen. Die wachsweiche Kuvertüre an den Kanten mit einem Spachtel abkratzen und die Hohlkörper etwa 10 Minuten fest werden lassen. Die restliche Kuvertüre für den nächsten Tag beiseitestellen.

Für die Füllung beide Sorten Kuvertüre hacken und in eine Schüssel geben. Die Sahne aufkochen und den Tee darin 5 Minuten ziehen lassen. Teebeutel entfernen. Die Sahne bei Bedarf wieder auf 70 g auffüllen und mit der Butter und dem Honig noch einmal erhitzen. Zur Kuvertüre geben und alles zu einer homogenen Masse verrühren. Aloe-vera-Gel unterrühren und abkühlen lassen.

Die Masse in einen Spritzbeutel füllen und, bis etwa 1 mm unter den Rand, in die Pralinenhohlkörper spritzen. Mindestens 12 Stunden, am besten über Nacht, an einem kühlen Ort fest werden lassen.

Am nächsten Tag die restliche Zartbitterkuvertüre erneut schmelzen und temperieren (siehe Seite 18). Die Formen mit einem Föhn auf kleinester Stufe 2 bis 3 Sekunden erwärmen. Etwas Kuvertüre auf die Formen gießen und mit einer Palette glatt abstreichen. Etwa 30 Minuten in den Kühlschrank stellen. Sobald sich die Kuvertüre von den Formen gelöst hat, die Pralinen vorsichtig herausklopfen.

Eine Step-by-step-Anleitung zur Herstellung von Formpralinen finden Sie auf Seite 26.

Nº5

Nougat-Orangen-Marzipan

Zutaten für 100 Stück

Zubereitung: ca. 120 Min. • Aushärten: ca. 1 Std. + mind. 12 Std. + ca. 30 Min.

Für die Pralinenmasse:

500 g dunkles Nussnougat

160 g Orangeat

110 g Puderzucker

ca. 50 ml Cointreau®

330 g Marzipanrohmasse

Außerdem:

1 Pralinenrahmen mit 25 × 25 cm oder 4 Metallstäbe

300 g Vollmilchkuvertüre zum Bestreichen und Überziehen

Zuckerperlen zum Verzieren

Am Vortag ein Backblech mit Backpapier oder einer Silikonmatte belegen und einen Pralinenrahmen oder 4 Metallstäbe in der Größe 25 × 25 cm daraufsetzen.

Für die Pralinenmasse das Nougat über dem Wasserbad oder in der Mikrowelle langsam flüssig werden lassen. Das Nougat in den Pralinenrahmen oder die Metallstäbe gießen, mit einer Palette glatt streichen und fest werden lassen.

Das Orangeat reiben oder im Multizerkleinerer hacken. Mit dem Puderzucker und dem Cointreau® zum Marzipan geben und alles mit den Händen zu einer glatten Masse verkneten. Die Marzipanmasse gleichmäßig auf die Nougatplatte streichen und mindestens 12 Stunden, am besten über Nacht, fest werden lassen.

Am nächsten Tag den Rahmen oder die Stäbe lösen und abheben. Die Kuvertüre zum Bestreichen und Überziehen hacken, über dem heißen Wasserbad schmelzen und temperieren (siehe Seite 18). Die Pralinenplatte dünn damit bestreichen. Sobald die Kuvertüre fest geworden ist, die Platte wenden und auf der anderen Seite ebenfalls dünn mit Kuvertüre bestreichen. Fest werden lassen.

Die Nougatplatte mit einem angewärmten Messer in etwa 2,5 × 2,5 cm große Pralinen schneiden. Die Kuvertüre erneut erhitzen und temperieren. Die Pralinen damit überziehen. Dafür in Kuvertüre eintauchen, überschüssige Kuvertüre abtropfen lassen und die Pralinen auf Backpapier setzen (siehe Seite 25).

Mit einer Pralinengabel die Oberfläche der überzogenen Pralinen antupfen und die Gabel nach oben wegziehen, sodass ein Gabelstrich entsteht. Auf die noch weiche Kuvertüre je 1 Zuckerperle setzen. Etwa 20 Minuten fest werden lassen.

Eine Step-by-step-Anleitung zur Herstellung von Schnittpralinen finden Sie auf Seite 32.

Hübsch verpackt

Geschenke mit Herz

Selbst gemachte Pralinen und Konfekt zu verschenken ist eine besonders schöne Art, jemandem zu zeigen, dass man ihn wertschätzt. Schließlich steckt jede Menge Zeit und Liebe zum Detail in der Zubereitung. Weil Pralinen so wandelbar und vielseitg sind, findet sich für jeden Geschmack und Anlass ein passendes Rezept. Fehlt bloß noch die richtige Verpackung, und da sind der Kreativität keine Grenzen gesetzt.

Einfach schön

Ein netter Teller, eine witzige Dose, ein edles Glas, kleine Förmchen oder ein simpler Klarsichtbeutel – es braucht gar nicht viel, um die selbst gemachten Naschwerke zum besonderen Geschenk zu machen.

Wer die traditionelle Pralinenschachtel liebt, legt einen schönen Geschenkkarton mit Seidenpapier aus, um die edlen Häppchen stilvoll zu verpacken. Kleine Geschenkanhänger für persönliche Grüße und hübsche Schleifen oder bunte Bänder setzen zusätzliche Akzente.

Kreativ und einzigartig

Wer nach dem Pralinenmachen noch mehr Lust auf Feinarbeit hat, bemalt oder beklebt Papiertüten, Dosen oder Kartons. Material dafür gibt es in Hülle und Fülle im Bastelgeschäft. Sie möchten mehreren Menschen eine Freude bereiten? Große Streichholzschachteln oder gekaufte Schubschachteln in ähnlicher Größe lassen sich individuell gestalten und verzieren. Sie bieten jeweils Platz für eine Praline, die beim Öffnen der Schachtel besonders appetitlich präsentiert wird, wenn man sie vorher in ein Papierförmchen setzt.

NOCH MEHR IDEEN

Ob zum Selbermachen oder Kaufen – es lohnt sich, im Internet nach Anregungen für schöne Verpackungen zu stöbern. Bezugsquellen für spezielle und besondere Geschenkverpackungen für Pralinen und Konfekt finden Sie auch auf Seite 158.

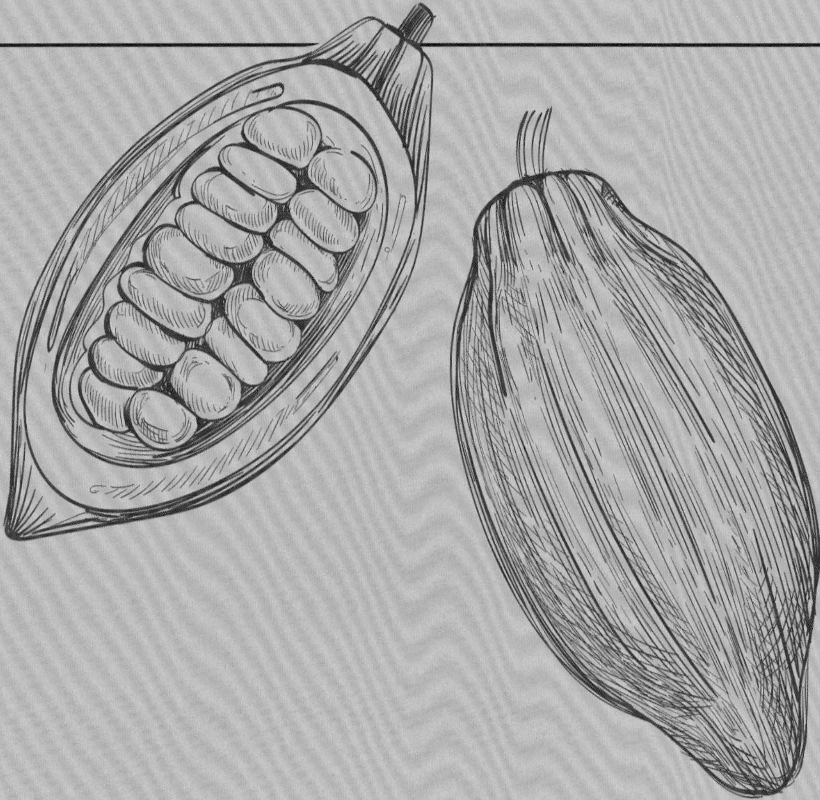

LEVEL 3

PROFIS

Sie kennen sich mit Pralinen aus
und es darf auch mal etwas extravaganter sein?
Dann ist dieses Kapitel goldrichtig.

Pannacotta-Mango-Vulkane

Zutaten für 80 Stück
Zubereitung: ca. 90 Min. • Abkühlen: ca. 30 Min. • Aushärten: über Nacht + ca. 30 Min.

Für die Hohlkörper:
50 g weiße Kuvertüre
Schokoladenfarbe in Gelb
400 g Zartbitterkuvertüre

Für die Pannacotta-Füllung:
200 g Sahne
10 Zimtblüten
250 g weiße Kuvertüre

Für die Mangoüllung:
250 g Mangopüree
125 g Gelierzucker (2:1)
1 EL Zitronensaft
1 Msp. Zitronensäure

Außerdem:
Pralinenformen nach Belieben
dicke Strohhalme, halbiert
Styroporplatte oder Steckschwamm

Am Vortag die Mulden der Pralinenformen mit Watte säubern. Für die Hohlkörper weiße Kuvertüre hacken, schmelzen und temperieren (siehe Seite 18). Die Hälfte in eine kleine Spritztüte geben und in jede Mulde weiße Punkte spritzen. Die übrige Kuvertüre einfärben und damit gelbe Punkte in die Mulden spritzen. Fest werden lassen.

Zartbitterkuvertüre hacken, schmelzen und temperieren. Die Mulden damit dünn auspinseln. Etwas Kuvertüre in die Mulden gießen, die überschüssige Kuvertüre sofort wieder ausgießen. Weiche Kuvertüre an den Kanten abkratzen, die Hohlkörper etwa 10 Minuten fest werden lassen. Restliche Kuvertüre beiseitestellen.

Für die Pannacotta-Füllung die Sahne mit den Zimtblüten aufkochen, 10 Minuten ziehen lassen, dann absieben. Kuvertüre hacken. Sahne wieder erhitzen, zur Kuvertüre geben und alles glatt rühren. Abkühlen lassen. In einen Spritzbeutel geben und die Hälfte der Hohlkörper damit füllen. 1 mm Rand lassen.

Für die Manfofüllung, Mangopüree mit Gelierzucker, Zitronensaft und Zitronensäure unter Rühren 3 Minuten aufkochen. Abkühlen lassen. In einen Spritzbeutel füllen und in die andere Hälfte der Hohlkörper spritzen. 1 mm Rand lassen. Beide Pralinensorten über Nacht an einem kühlen Ort fest werden lassen.

Am nächsten Tag restliche Zartbitterkuvertüre erneut schmelzen und temperieren. Die Formen mit einem Föhn 2 bis 3 Sekunden erwärmen. Etwas Kuvertüre auf die Formen gießen und mit einer Palette glatt abstreichen. Formen etwa 30 Minuten in den Kühlschrank stellen. Sobald sich die Kuvertüre gelöst hat, vorsichtig herausklopfen. Je zwei unterschiedlich gefüllte Pralinen mit etwas Kuvertüre zusammenkleben.Die Strohhalme in eine Styroporplatte oder einen Steckschwamm stecken. Pralinen jeweils auf einen Strohhalm setzen und mit temperierter Zartbitterkuvertüre übergießen. Fest werden lassen.

Eine Step-by-step-Anleitung zur Herstellung von Formpralinen finden Sie auf Seite 26.

Crème-brulée-Pralinen

Zutaten für 80 Stück
Zubereitung: ca. 120 Min. • Aushärten: mind. 12 Std. + ca. 30 Min.

Für die Pralinenmasse:

250 g Sahne
1 Msp. Vanillemark
50 g Zucker
500 g weiße Kuvertüre
70 g Kakaobutter
30 g weiche Butter
2 EL Karamelllikör oder Amaretto

Für den Krokant:

80 g Zucker
40 g gehobelte Mandeln

Außerdem:

1 Pralinenrahmen mit 20 × 25 cm oder 4 Metallstäbe
300 g Zartbitterkuvertüre zum Bestreichen und Überziehen

Am Vortag ein Backblech mit Backpapier oder einer Silikonmatte belegen und einen Pralinenrahmen oder 4 Metallstäbe in der Größe 20 × 25 cm daraufsetzen.

Für die Pralinenmasse die Sahne mit dem Vanillemark erhitzen. Den Zucker in einem Topf zu goldgelbem Karamell schmelzen. Die heiße Sahne unterrühren.

Die weiße Kuvertüre und die Kakaobutter klein hacken, unter die Sahnemasse rühren und mit dem Stabmixer glatt mixen. Dabei darauf achten, dass keine Bläschen entstehen. Wenn die Masse etwa 30 °C hat, die weiche Butter und den Likör dazugeben, alles noch einmal durchmixen. Die Masse in den Pralinenrahmen oder die Metallstäbe füllen und mindestens 12 Stunden, am besten über Nacht, fest werden lassen.

Für den Krokant den Zucker in einem Topf goldgelb schmelzen, sofort die gehobelten Mandeln unterrühren und die Masse auf Backpapier gießen. Ein Stück Backpapier darauflegen und mit dem Nudelholz schnell etwa 1 bis 2 mm dick ausrollen. Abkühlen lassen. Über Nacht in eine luftdichte Box geben.

Am nächsten Tag die Krokantplatte in etwa 2 × 2 cm große Stücke brechen. Den Pralinenrahmen oder die Stäbe lösen und abnehmen. Die Zartbitterkuvertüre zum Bestreichen und Überziehen hacken, über dem Wasserbad schmelzen und temperieren (siehe Seite 18). Die Pralinenplatte auf beiden Seiten nacheinander dünn mit Kuvertüre bestreichen und jeweils fest werden lassen.

Die Pralinenplatte in 2,5 × 2,5 cm große Stücke schneiden. Die restliche Zartbitterkuvertüre erneut schmelzen und temperieren. Die Pralinen darin eintauchen, überschüssige Kuvertüre abtropfen lassen. Pralinen auf Backpapier setzen. Auf die noch weichen Pralinen je ein Stück Krokant legen und vorsichtig festdrücken. Etwa 30 Minuten im Kühlschrank fest werden lassen.

Eine Step-by-step-Anleitung zur Herstellung von Schnittpralinen finden Sie auf Seite 32.

Mousse-au-Chocolat-Pralinen

Zutaten für 60 Stück
Zubereitung: ca. 90 Min. • Aushärten: über Nacht + 2-mal ca. 30 Min.

Für die Hohlkörper:

50 g Kakaobutter

goldene Schokoladenfarbe in Pulverform

300 g Zartbitterkuvertüre

Für die Mousse-au-Chocolat-Füllung:

100 g Zartbitterkuvertüre

1 Ei

1 Msp. Vanillemark

25 g Zucker

75 g Sahne

1 EL Cointreau®

Salz

Außerdem:

Pralinenformen nach Belieben

Am Vortag die Mulden der Pralinenformen mit Watte gründlich säubern. Für die Hohlkörper die Kakaobutter erhitzen, Schokoladenfarbe in Gold unterrühren und die Mulden damit auspinseln. Fest werden lassen. Die Kuvertüre hacken, schmelzen und temperieren (siehe Seite 18). Die Mulden der Formen erst mit etwas Goldpulver leicht bestäuben, dann mit der Kuvertüre auspinseln. Etwas Kuvertüre in die Mulden gießen und die überschüssige Kuvertüre sofort wieder ausgießen. Die wachsweiche Kuvertüre an den Kanten abkratzen und die Hohlkörper etwa 10 Minuten fest werden lassen. Die restliche Kuvertüre beiseitestellen.

Für die Füllung die Zartbitterkuvertüre hacken und über dem heißen Wasserbad schmelzen. Das Ei trennen. Eigelb mit dem Vanillemark und 1 EL Zucker cremig rühren. 50 g Sahne erhitzen und unter das schaumige Eigelb rühren. Über dem Wasserbad vorsichtig erhitzen, bis die Masse leicht eindickt. Die flüssige Kuvertüre sowie den Cointreau® dazugeben und mit dem Handmixer verquirlen.

Den restlichen Zucker mit 3 EL Wasser bis zum leichten Faden (etwa 115 °C) aufkochen. Eiweiß mit 1 Prise Salz cremig schlagen. Den flüssigen, heißen Zucker im dünnen Strahl unterrühren und das Eiweiß steif schlagen. Restliche Sahne steif schlagen, mit dem Eischnee unter die Schoko-Eigelb-Masse heben. Abkühlen lassen.

Die fast kalte Mousse in einen Spritzbeutel geben und, bis etwa 1 mm unter den Rand, in die Hohlkörper füllen. Über Nacht im Kühlschrank fest werden lassen.

Am nächsten Tag die restliche Zartbitterkuvertüre erneut schmelzen und temperieren. Die Formen mit einem Föhn 1 bis 2 Sekunden erwärmen. Etwas Kuvertüre auf die Formen gießen und mit einer Palette glatt abstreichen. Die Formen etwa 30 Minuten in den Kühlschrank stellen. Sobald sich die Kuvertüre von den Formen gelöst hat, die Pralinen vorsichtig herausklopfen.

Eine Step-by-step-Anleitung zur Herstellung von Formpralinen finden Sie auf Seite 26.

Rotwein-Schlehen-Kuppeln

Zutaten für ca. 20 Stück

Zubereitung: ca. 90 Min. • Abkühlen: ca. 1 Std. + ca. 30 Min. • Aushärten: mind. 12 Std.

Für die Füllung:

120 g Vollmilchkuvertüre

65 g Sahne

40 ml Rotwein

2 EL Schlehengeist

Für die Hohlkörper:

70 g weiße Kuvertüre

2–3 Msp. rote Schokoladenfarbe in Pulverform

300 g Zartbitterkuvertüre

Außerdem:

Pralinenformen nach Belieben

Am Vortag die Mulden der Pralinenformen mit Watte gründlich säubern. Für die Füllung die Vollmilchkuvertüre hacken. Die Sahne in einem Topf aufkochen, die Kuvertüre dazugeben und unter Rühren darin schmelzen. Rotwein und Schlehengeist unterrühren. Die Mischung etwa 1 Stunde abkühlen lassen.

Für die Hohlkörper die weiße Kuvertüre hacken, schmelzen und temperieren (siehe Seite 18). 20 g abnehmen und mit der roten Farbe mischen. Mit einem Pinsel in jede Mulde der Pralinenformen einen roten Pinselstrich geben. Die übrige weiße Kuvertüre in eine kleine Spritztüte füllen (siehe Seite 22) und feine Muster in die Pralinenformen spritzen.

Die Zartbitterkuvertüre hacken, schmelzen und temperieren. Sobald die weiße Kuvertüre fest ist, die Mulden mit der Zartbitterkuvertüre dünn auspinseln. Dann etwas Kuvertüre in die Mulden gießen und überschüssige Kuvertüre sofort wieder ausgießen. Die wachsweiche Kuvertüre an den Kanten abkratzen und die Hohlkörper 10 Minuten fest werden lassen. Die restliche Kuvertüre beiseitestellen.

Die abgekühlte Füllung in einen Spritzbeutel füllen und, bis etwa 1 mm unter den Rand, in die Hohlkörper spritzen. An einem kühlen Ort mindestens 12 Stunden, am besten über Nacht, fest werden lassen.

Am nächsten Tag die restliche Zartbitterkuvertüre erneut schmelzen und temperieren. Die Formen mit einem Föhn 2 bis 3 Sekunden erwärmen. Etwas Kuvertüre auf die Formen gießen und mit einer Palette glatt abstreichen. Die Formen etwa 30 Minuten in den Kühlschrank stellen. Sobald sich die Rotwein-Schlehen-Kuppeln von den Formen gelöst haben, vorsichtig herausklopfen.

Eine Step-by-step-Anleitung zur Herstellung von Formpralinen finden Sie auf Seite 26.

Pfirsich-Basilikum-Trüffel

Zutaten für ca. 63 Stück

Zubereitung: ca. 1 Std. • Ziehen: ca. 1 Std. • Abkühlen: ca. 1 Std. • Aushärten: mind. 12 Std. + ca. 20 Min.

Für die Füllung:

25 g Zucker
50 g Butter
100 g Sahne
15 g Basilikumblätter
250 g Pfirsichpüree
2–3 EL Zitronensaft
200 g Vollmilchkuvertüre
1 cl Cointreau®

Außerdem:

1 Lage weiße Trüffelhohlkugeln (63 Stück)
300 g weiße Kuvertüre zum Überziehen

Am Vortag für die Füllung den Zucker in einem Topf schmelzen, die Butter dazugeben und zerlassen, beides gut verrühren. Die Sahne erhitzen und unterrühren. Die Basilikumblätter dazugeben und alle Zutaten mit dem Stabmixer gründlich mixen. Vom Herd nehmen, etwa 1 Stunde ziehen lassen. Dann durch ein Sieb gießen.

Das Pfirsichpüree mit dem Zitronensaft in einem Topf verrühren und erhitzen. Unter die Basilikumsahne rühren. Die Vollmilchkuvertüre hacken und in eine Schüssel geben. Die Pfirsich-Basilikum-Sahne dazugeben und die Kuvertüre in der Sahne unter Rühren schmelzen. Den Cointreau® unterrühren und die Füllung etwa 1 Stunde abkühlen lassen.

Die Füllung in einen Spritzbeutel geben und, bis 1 mm unter den Rand, in die Hohlkugeln spritzen. An einem kühlen Ort mindestens 12 Stunden, am besten über Nacht, fest werden lassen.

Am nächsten Tag die weiße Kuvertüre zum Überziehen hacken, schmelzen und temperieren (siehe Seite 18). Etwas Kuvertüre in eine kleine Spritztüte geben (siehe Seite 22) und die Öffnungen der Hohlkugeln damit verschließen. Fest werden lassen.

Die Trüffel in die erneut temperierte Kuvertüre tauchen, abtropfen lassen und auf ein Pralinengitter setzen. Sobald die Kuvertüre anfängt anzuziehen, die Pralinen igeln. Dafür die Pralinen mit der Pralinengabel auf dem Gitter hin- und herrollen, sodass rundum kleine Spitzen entstehen. Die Pfirsich-Basilikum-Trüffel auf Backpapier oder eine Silikonmatte setzen und 20 Minuten aushärten lassen.

Eine Step-by-step-Anleitung zur Herstellung und zum Igeln von Trüffelpralinen finden Sie auf Seite 29 und Seite 31.

TIPP

Ein neues Geschmackserlebnis ist es, wenn Sie Zartbitter-Trüffelhohlkugeln verwenden und mit Vollmilchkuvertüre überziehen.

Ingwertrüffel mit Vanille

Zutaten für 63 Stück

Zubereitung: ca. 1 Std. • Abkühlen: ca. 1 Std. • Aushärten: mind. 12 Std. + ca. 20 Min.

Für die Füllung:

- ca. 10 g Ingwer (oder 5 Tropfen Ingweröl)
- ½ Vanilleschote
- 225 g Sahne
- 120 g Zartbitterkuvertüre
- 120 g Vollmilchkuvertüre
- 2 EL Arrak

Außerdem:

- 1 Lage Vollmilch-Trüffelhohlkugeln (63 Stück)
- 300 g Vollmilchkuvertüre zum Verschließen und Überziehen

Am Vortag für die Füllung den Ingwer schälen und grob in Scheiben schneiden. Die Vanilleschote längs aufschneiden und das Mark mit einem spitzen Messer herauskratzen. Die Sahne mit dem Ingwer (oder dem Ingweröl), dem Vanillemark und der Vanilleschote in einem Topf aufkochen.

Die Zartbitterkuvertüre und die Vollmilchkuvertüre hacken und dazugeben. Unter Rühren in der Sahne schmelzen, bis eine glatte Masse entstanden ist. Den Arrak unterrühren und die Füllung 1 Stunde abkühlen lassen. Den Ingwer und das Vanilleschotenstück entfernen.

Die Füllung in einen Spritzbeutel füllen und, bis 1 mm unter den Rand, in die Trüffelhohlkugeln spritzen. An einem kühlen Ort mindestens 12 Stunden, am besten über Nacht, fest werden lassen.

Am nächsten Tag die Vollmilchkuvertüre zum Verschließen und Überziehen hacken, schmelzen und temperieren (siehe Seite 18). Etwas Kuvertüre in eine kleine Spritztüte geben (siehe Seite 22) und die Trüffelkugeln damit verschließen. Fest werden lassen.

Die Kuvertüre erneut temperieren. Die Trüffel darin tauchen, abtropfen lassen und auf ein Pralinengitter setzen. Sobald die Kuvertüre anfängt anzuziehen, die Pralinen igeln. Dafür die Pralinen mit der Pralinengabel auf dem Gitter hin- und herrollen, sodass rundum kleine Spitzen entstehen. Die Trüfffel auf Backpapier setzen und etwa 20 Minuten aushärten lassen.

Eine Step-by-step-Anleitung zur Herstellung und zum Igeln von Trüffelpralinen finden Sie auf Seite 29 und Seite 31.

Eierlikörtrüffel

Zutaten für 63 Stück

Zubereitung: ca. 1 Std. • Abkühlen: ca. 30 Min. • Aushärten: mind. 12 Std. + ca. 30 Min.

Für die Eierlikörmasse:

150 g weiße Kuvertüre

100 g Vollmilchkuvertüre

100 g Sahne

120 ml Eierlikör

Außerdem:

1 Lage weiße Trüffelhohlkugeln (63 Stück)

300 g weiße Kuvertüre zum Verschließen und Überziehen

Am Vortag für die Eierlikörmasse beide Kuvertüresorten hacken und in eine Schüssel geben. Die Sahne aufkochen und zur gehackten Kuvertüre geben. Zu einer glatten Masse verrühren und den Eierlikör dazugeben. Abkühlen lassen.

Die Masse in einen Spritzbeutel füllen und, bis etwa 1 mm unter den Rand, in die Trüffelhohlkugeln spritzen. Mindestens 12 Stunden, am besten über Nacht, fest werden lassen.

Am nächsten Tag die weiße Kuvertüre zum Verschließen und Überziehen hacken, im heißen Wasserbad schmelzen und temperieren (siehe Seite 18). Etwas Kuvertüre in eine kleine Spritztüte geben (siehe Seite 22) und die Hohlkugeln damit verschließen. Fest werden lassen.

Die Kuvertüre erneut schmelzen und temperieren. Die Trüffel darin tauchen, abtropfen lassen und auf ein Pralinengitter setzen. Sobald die Kuvertüre anfängt anzuziehen, die Pralinen igeln. Dafür die Pralinen mit der Pralinengabel auf dem Gitter hin- und herrollen, sodass rundum kleine Spitzen entstehen. Die Trüffel auf Backpapier setzen und aushärten lassen.

Eine Step-by-step-Anleitung zur Herstellung und zum Igeln von Trüffelpralinen finden Sie auf Seite 29 und Seite 31.

Blätterkrokant

Zutaten für ca. 65 Stück

Zubereitung: ca. 1 Std. • Aushärten: mind. 12 Std. + ca. 30 Min.

Für die Pralinenmasse:

130 g Zucker

1 EL Butter

30 g Honig

300 g Nussnougat

Außerdem:

1 Pralinenrahmen mit 15 × 27 cm oder 4 Metallstäbe

320 g Vollmilchkuvertüre zum Bestreichen und Überziehen

50 g Zartbitterkuvertüre zum Filieren

Am Vortag ein Backblech mit Backpapier oder einer Silikonmatte belegen und einen Pralinenrahmen oder 4 Metallstäbe in der Größe 15 × 27 cm daraufsetzen. Für die Pralinenmasse den Zucker in einem Topf schmelzen. Die Butter und den Honig unterrühren. Gleichzeitig das Nougat in einem zweiten Topf über dem heißen Wasserbad schmelzen. Das Nougat rasch unter den Karamell rühren und die Mischung sofort in den Pralinenrahmen oder die Metallstäbe gießen. Glatt streichen und mindestens 12 Stunden, am besten über Nacht, fest werden lassen.

Am nächsten Tag den Rahmen oder die Stäbe lösen und entfernen. Die Vollmilchkuvertüre zum Bestreichen und Überziehen grob hacken und schmelzen, nicht temperieren. 20 g Kuvertüre abnehmen und die Platte dünn damit bestreichen und fest werden lassen. Die Pralinenplatte wenden, wieder dünn mit Kuvertrüre bestreichen und fest werden lassen. Dann in 2 × 3 cm große Rechtecke schneiden.

Die Vollmilchkuvertüre erneut schmelzen und temperieren (siehe Seite 18). Die Krokant-Nougat-Stücke mit einer Pralinengabel in die Kuvertüre tauchen, überschüssige Kuvertüre ablaufen lassen, die Praline am Schüsselrand abstreifen und auf eine Silikonmatte oder Backpapier setzen (siehe Seite 25). Fest werden lassen.

Die Zartbitterkuvertüre zum Filieren (siehe Seite 33) hacken, schmelzen und temperieren. In eine kleine Spritztüte füllen (siehe Seite 22) und in feinen Fäden über den Blätterkrokant fließen lassen.

Eine Step-by-step-Anleitung zur Herstellung von Schnittpralinen finden Sie auf Seite 32.

Mandarinen-Kardamom-Pralinen

Zutaten für 50 Stück

Zubereitung: ca. 90 Min. • Abkühlen: ca. 1 Std. • Aushärten: mind. 12 Std. • Ziehen: 1 Std.

Für das Mandarinengelee:

150 ml frisch gepresster Mandarinensaft

80 g Gelierzucker (2:1)

1 TL Zitronensaft

1 Msp. Zitronensäure

Für die Kardamomfüllung:

100 g Sahne, eventuell etwas mehr

7 zerstoßene Kardamomkapseln

160 g Vollmilchkuvertüre

40 ml Glukosesirup

20 g Butter

Für die Hohlkörper:

50 g Kakaobutter

Schokoladenfarbe in Orange

50 g weiße Kuvertüre

300 g Zartbitterkuvertüre

Außerdem:

Pralinenformen nach Belieben

Am Vortag für das Gelee den Mandarinensaft mit Gelierzucker, Zitronensaft und Zitronensäure 3 Minuten aufkochen. Zugedeckt abkühlen lassen. Für die Kardamomfüllung die Sahne mit Kardamom aufkochen, 1 Stunde ziehen lassen. Kuvertüre hacken und in einen Rührbecher füllen. Die Kardamomsahne durch ein Sieb gießen und ggf. mit mehr Sahne auf 100 g auffüllen. Glukosesirup dazugeben, erhitzen und zur Kuvertüre geben, glatt rühren und mit dem Stabmixer zu einer blasenfreien, homogenen Masse pürieren. Die Butter untermixen. Abkühlen lassen.

Die Mulden der Pralinenformen mit Watte gründlich säubern. Für die Hohlkörper die Kakaobutter schmelzen und orange einfärben. Damit jede Praline dünn auspinseln. Weiße Kuvertüre temperieren (siehe Seite 18) und die Mulden noch einmal damit auspinseln. Fest werden lassen.

Die Zartbitterkuvertüre hacken, über dem heißen Wasserbad schmelzen und temperieren. Etwas Kuvertüre in die Mulden gießen und die überschüssige Kuvertüre sofort wieder ausgießen. Die wachsweiche Kuvertüre an den Kanten abkratzen und die Hohlkörper etwa 10 Minuten fest werden lassen. Die restliche Kuvertüre beiseitestellen.

Gelee und Kardamomfüllung jeweils in einen Spritzbeutel füllen. Die Mulden der Pralinenformen zur Hälfte mit dem Mandarinengelee, anschließend, bis etwa 1 mm unter den Rand, mit Kardamomfüllung füllen. Die Pralinen mindestens 12 Stunden, am besten über Nacht, an einem kühlen Ort fest werden lassen.

Am nächsten Tag die restliche Kuvertüre erneut schmelzen und temperieren. Die Formen 2 bis 3 Sekunden mit dem Föhn erwärmen, etwas Kuvertüre auf die Formen gießen und glatt abstreichen. 30 Minuten in den Kühlschrank stellen. Sobald sich die Kuvertüre von den Formen gelöst hat, die Pralinen vorsichtig herausklopfen.

Eine Step-by-step-Anleitung zur Herstellung von Formpralinen finden Sie auf Seite 26.

TIPP

Bezugsquellen für besondere Pralinenformen finden Sie auf Seite 158.

Tonkabohnen-Himbeer-Karrees

Zutaten für ca. 70 Stück

Zubereitung: ca. 90 Min. • Aushärten: ca. 2 Std. + mind. 12 Std. + ca. 20 Min.

Für das Gelee:

120 g Himbeerpüree (gekauft oder selbst gemacht, siehe Tipp Seite 62)

1 TL Pektin

170 g Zucker

1 TL Zitronensäure

2–3 Tropfen Rosenöl

Für die Ganache:

170 g Sahne

1 EL Blütenhonig

1 Msp. Vanillemark

ca. 2 Msp. abgeriebene Tonkabohne

180 g weiße Kuvertüre

150 g Vollmilchkuvertüre

50 g Kakaobutter

20 g weiche Butter

Außerdem:

300 g Zartbitterkuvertüre zum Bestreichen und Überziehen

1 Pralinenrahmen mit 20 × 27 cm

Am Vortag ein Backblech mit Backpapier oder einer Silikonmatte belegen und einen Pralinenrahmen in der Größe 20 × 27 cm daraufsetzen.

Für das Gelee das Himbeerpüree mit 50 ml Wasser, dem Pektin und 20 g Zucker in einem Topf kalt vermischen. Einmal aufkochen und den restlichen Zucker dazugeben. Die Mischung auf 104 °C erhitzen, mit dem Thermometer prüfen! Die Zitronensäure und das Rosenöl sorgfältig unterrühren. Die Mischung in den Rahmen gießen, zügig glatt streichen und an einem kühlen Ort etwa 2 Stunden fest werden lassen.

Für die Ganache die Sahne mit Honig, Vanillemark und Tonkabohne in einem Topf aufkochen. Beide Kuvertüresorten und die Kakaobutter klein hacken, dazugeben und unter Rühren in der Sahne schmelzen. Die Masse mit dem Stabmixer glatt mixen, dabei darauf achten, dass keine Luft hineingelangt. Das gelingt am besten, wenn man den Stabmixer immer ganz unten in die Mischung hält. Die weiche Butter dazugeben und noch einmal durchmixen. Die Ganache auf das Gelee gießen, glatt streichen und mindestens 12 Stunden, am besten über Nacht, fest werden lassen.

Am nächsten Tag den Rahmen lösen und abnehmen. Die Zartbitterkuvertüre hacken und eine kleine Portion schmelzen. Die Platte nacheinander auf beiden Seiten dünn mit Kuvertüre bestreichen und jeweils fest werden lassen. Die Platte in 2,5 × 2,5 cm große Quadrate schneiden. Die übrige Kuvertüre schmelzen und temperieren (siehe Seite 18). Die Pralinen damit überziehen (siehe Seite 25) und auf eine Silikonmatte oder Backpapier setzen. Mit einer Pralinengabel die Oberflächen der überzogenen Pralinen antupfen und die Gabel an zwei Stellen nach oben wegziehen, sodass zwei Gabelstriche entstehen. Etwa 20 Minuten fest werden lassen.

Passionsfrucht-Vanille-Karrees

Himbeer- durch Passionsfruchtpüree, Tonkabohne durch Vanillemark ersetzen.

Eine Step-by-step-Anleitung zur Herstellung von Schnittpralinen finden Sie auf Seite 32.

Stielkirschen

Zutaten für 50 Stück

Zubereitung: ca. 2 Std. • Einlegen: ca. 14 Tage • Aushärten: ca. 30 Min. • Ruhen: ca. 3 Tage

50 Kirschen mit Stiel

5–6 Gewürznelken

1 Zimtstange

1 kleines Stück Bio-Zitronenschale

Für den Kirschlikör:

200 ml Alkohol (94–96 Vol.-%)

40 ml Kirschwasser (oder Gin, Maraschino, Wodka)

40 ml Zuckersirup

Zum Tauchen:

25 g Zucker

500 ml flüssiger Fondant

Außerdem:

500 g Zartbitterkuvertüre zum Überziehen

250 g dragierte Schokoladensplitter

2 Wochen im Voraus die Kirschen mit Stiel waschen, abtropfen lassen und in ein Gefäß schichten. Die Kirschen müssen frisch und gerade reif sein, zu reife Früchte werden durch das Einlegen zu weich. Nelken, Zimt und Zitronenschale dazugeben. Für den Kirschlikör den Alkohol mit 120 ml Wasser, dem Kirschwasser und dem Zuckersirup vermischen. Die Kirschen völlig damit bedecken. Fest mit einem Deckel verschließen. Mindestens 2 Wochen an einem kühlen, dunklen Ort aufbewahren.

Nach 2 Wochen die Kirschen in einem Sieb abtropfen lassen. Zum Tauchen den Zucker in 25 ml Wasser kurz aufkochen. Den Fondant über dem Wasserbad langsam und unter ständigem Rühren erwärmen, bis er etwa 55 bis max. 65 °C erreicht hat. Wichtig: Wird der Fondant an einer Stelle zu warm, lösen sich dort die feinen Zuckerkristalle auf, es können sich neue, gröbere Kristalle bilden und es kann passieren, dass diese sich später nicht ganz zu Sirup verwandeln. Nun den Fondant durch Zugabe des Zuckersirups verflüssigen. Nur so viel dazugeben, bis der Fondant so flüssig ist, dass die Kirschen darin getaucht werden können. Am besten die Schüssel im Wasserbad lassen, um zu vermeiden, dass der Fondant während des Tauchens zu schnell abkühlt.

Die Kirschen einzeln am Stiel in den Fondant tauchen, dann auf eine Silikonmatte setzen. Fondant immer wieder umrühren, damit sich keine Kruste bildet. Nach dem Abkühlen die Kirschen mit einem Schokoboden versehen, um ein Auslaufen zu verhindern. Dafür die Kuvertüre hacken, schmelzen und temperieren (siehe Seite 18). Etwas Kuvertüre in einen Spritzbeutel füllen, Tupfen auf eine Silikonmatte spritzen und die Kirschen auf die flüssige Kuvertüre setzen. Aushärten lassen.

Die restliche Kuvertüre erneut erhitzen und temperieren. Die Kirschen bis zum Stiel in Schokolade tauchen, auf Schokoladensplitter setzen und aushärten lassen. Die Kirschen 2 bis 3 Tage an einem kühlen Ort ruhen lassen, damit sich der Fondant auflösen kann und so der Likör entsteht.

SPRÜHTECHNIK

Zum Besprühen ein kleines Sieb über die Pralinen halten, eine frische Zahnbürste leicht in die grüne Kuvertüre eintauchen und mit Schwung über das Sieb streichen.

Mandel-Limetten-Trüffel

Zutaten für ca. 60 Stück

Zubereitung: ca. 90 Min. • Ziehen: mind. 12 Std. • Aushärten: mind. 12 Std. • Abkühlen: ca. 30 Min. • Tiefkühlen: ca. 20 Min.

Für die Mandelganache:

120 g Sahne, eventuell etwas mehr
10 g geröstete Mandelblättchen
100 g Vollmilchkuvertüre
20 g Mandelmus
1 cl Branntwein

Für die Limettenganache:

140 g weiße Kuvertüre
60 g Sahne
25 g Kakaobutter
40 g Aprikosenkonfitüre
2 EL Limettensaft
abgeriebene Schale von ½ Bio-Limette
25 ml Sekt

Für die Hohlkörper:

300 g weiße Kuvertüre

Außerdem:

Pralinenformen nach Belieben
20 g Kakaobutter und 10 g weiße Kuvertüre zum Verzieren
1–2 Msp. grüne Schokoladenfarbe

2 Tage im Voraus für die Mandelganache die Sahne mit den Mandeln aufkochen. Im Kühlschrank zugedeckt mindestens 12 Stunden, am besten über Nacht, ziehen lassen.

Am nächsten Tag Vollmilchkuvertüre hacken, in eine Schüssel geben. Mandelsahne durch ein Sieb gießen und ggf. auf 120 g auffüllen. Mit dem Mandelmus aufkochen. Zur Kuvertüre geben und glatt rühren. Branntwein dazugeben und abkühlen lassen.

Für die Limettenganache die Kuvertüre hacken, in eine Schüssel geben. Sahne aufkochen. Kakaobutter, Konfitüre, Limettensaft und -schale in einem zweiten Topf erhitzen. Zur Sahne geben, unterrühren, durch ein Sieb zur Kuvertüre gießen. Kuvertüre unter Rühren schmelzen, glatt rühren und Sekt untermischen. Abkühlen lassen.

Die Mulden der Pralinenformen mit Watte gründlich säubern. Für die Hohlkörper die weiße Kuvertüre hacken, schmelzen und temperieren (siehe Seite 18). Die Mulden der Formen zuerst dünn damit auspinseln. Dann etwas Kuvertüre in die Mulden gießen, überschüssige Kuvertüre sofort wieder ausgießen. Die wachsweiche Kuvertüre an den Kanten abkratzen und die Hohlkörper 10 Minuten fest werden lassen. Restliche Kuvertüre beiseitestellen. Beide Ganaches in Spritzbeutel füllen. Zuerst jeweils etwas Mandel-, dann etwas Limettenganache in die Hohlkörper spritzen, bis etwa 1 mm unter den Rand. Mindestens 12 Stunden, am besten über Nacht, fest werden lassen.

Am dritten Tag die übrige weiße Kuvertüre schmelzen und temperieren. Die Formen mit einem Föhn 2 bis 3 Sekunden erwärmen. Etwas Kuvertüre auf die Formen gießen und glatt abstreichen. Die Formen etwa 30 Minuten in den Kühlschrank stellen. Sobald sich die Pralinen von den Formen gelöst haben, vorsichtig herausklopfen.

Pralinen auf einem Teller 20 Minuten tiefkühlen. Inzwischen Kakaobutter und Kuvertüre zum Verzieren schmelzen, grün einfärben. Pralinen damit besprühen (siehe Tipp).

Eine Step-by-step-Anleitung zur Herstellung von Formpralinen finden Sie auf Seite 26.

Mango-Chili-Pralinen

Zutaten für ca. 30 Stück
Zubereitung: ca. 90 Min. • Aushärten: mind. 12 Std. + ca. 30 Min.

Für die Füllung:
100 g Mangopüree
2 EL Zitronensaft
100 g Sahne
2–3 Msp. Chiliflocken
150 g Vollmilchkuvertüre
3 cl Wodka

Für die Hohlkörper:
50 g weiße Kuvertüre
2 Msp. orangerote Schokoladenfarbe in Pulverform
300 g Zartbitterkuvertüre

Außerdem:
Pralinenformen nach Belieben

Am Vortag für die Füllung Mangopüree mit Zitronensaft erhitzen. In einem zweiten Topf die Sahne zum Kochen bringen, die Chiliflocken dazugeben. Vollmilchkuvertüre hacken, in eine Schüssel geben. Mangomasse und Chilisahne dazugeben, Kuvertüre schmelzen, dabei die Masse glatt rühren. Wodka unterrühren. Abkühlen lassen.

Die Mulden der Pralinenformen mit Watte gründlich säubern. Für die Hohlkörper die weiße Kuvertüre temperieren (siehe Seite 18) und orangerot einfärben. Ein Muster in die Formen pinseln. Fest werden lassen.

Die Zartbitterkuvertüre hacken, schmelzen und temperieren. Die Formen dünn mit der Zartbitterkuvertüre auspinseln. Etwas Kuvertüre in die Mulden gießen und überschüssige Kuvertüre sofort wieder ausgießen. Die wachsweiche Kuvertüre an den Kanten abkratzen und die Hohlkörper 10 Minuten fest werden lassen. Die restliche Kuvertüre beiseitestellen. Die abgekühlte Füllung in einen Spritzbeutel füllen und in die Mulden der Formen spritzen, 1 mm Rand lassen. An einem kühlen Ort mindestens 12 Stunden, am besten über Nacht, fest werden lassen.

Am nächsten Tag die übrige Kuvertüre erneut schmelzen und temperieren. Die Formen mit einem Föhn 2 bis 3 Sekunden erwärmen. Etwas Kuvertüre auf die Formen gießen und mit einer Palette glatt abstreichen. Die Formen 30 Minuten in den Kühlschrank stellen. Sobald sich die Mango-Chili-Pralinen von den Formen gelöst haben, vorsichtig herausklopfen.

Marmorierte Chilipralinen

Für weiß marmorierte Pralinen die Formen zuerst mit temperierter Zartbitterkuvertüre hauchdünn auspinseln. Sobald die Kuvertüre fest geworden ist, die Formen mit temperierter weißer Kuvertüre ganz dünn auspinseln. Dann mit temperierter Zartbitterkuvertüre wie im Rezept beschrieben ausgießen.

Eine Step-by-step-Anleitung zur Herstellung von Formpralinen finden Sie auf Seite 26.

TIPP

Wer es nicht scharf mag, lässt die Chiliflocken einfach weg und freut sich über herrlich fruchtige Mangopralinen.

Vegane Mandelmilch-Knusper-Pralinen

Zutaten für 50 Stück

Zubereitung: ca. 2 Std. • Abkühlen: ca. 30 Min. • Aushärten: über Nacht + ca. 30 Min.

Für den Knusperboden:

75 g Pinienkerne

75 g Puderzucker

150 g vegane Zartbitterkuvertüre

Für die Mandelmilchfüllung:

130 g vegane helle Schokolade

85 ml Mandelmilch

35 ml Glukosesirup

10 g veganer Honig

25 g vegane Butter

Für die Hohlkörper:

50 g Kakaobutter

Schokoladenfarbe in Gold

300 g vegane Zartbitterschokolade

Außerdem:

Pralinenformen nach Belieben

Am Vortag für den Knusperboden Pinienkerne und Puderzucker mischen. In einer Pfanne vorsichtig karamellisieren. Auf Backpapier gießen, verstreichen, abkühlen lassen. Im Multizerkleinerer fein hacken. Die Kuvertüre hacken, schmelzen und temperieren (siehe Seite 18). Pinienknusper unterrühren und etwa 2 mm dünn auf Backpapier streichen. Etwas fest werden lassen. Mit einem Ausstecher in Größe der Mulden der Pralinenformen etwa 50 Plättchen ausstechen. Fest werden lassen.

Für die Füllung die Schokolade hacken. Mandelmilch mit Glukosesirup, Honig und veganer Butter erhitzen, unter die Schokolade rühren. Mit dem Stabmixer blasenfrei homogenisieren. Abkühlen lassen.

Die Mulden der Pralinenformen mit Watte säubern. Für die Hohlkörper die Kakaobutter erhitzen und gold einfärben. Die Mulden damit mit einem Pinselstrich versehen. Fest werden lassen. Die Schokolade hacken, über dem Wasserbad schmelzen und temperieren (siehe Seite 18). Die Mulden damit dünn auspinseln. Dann etwas Kuvertüre in die Mulden gießen und die überschüssige Kuvertüre sofort wieder ausgießen. Die wachsweiche Kuvertüre an den Kanten abkratzen und die Hohlkörper etwa 10 Minuten fest werden lassen. Die restliche Kuvertüre beiseitestellen.

Die Füllung mit einem Spritzbeutel in die Hohlkörper füllen, 3 mm Rand lassen. Auf jede Praline einen Knusperboden legen, leicht andrücken. Darauf achten, dass die Masse nicht über den Rand herausquillt und etwa 1 mm Rand bleibt. Über Nacht an einem kühlen Ort fest werden lassen.

Am nächsten Tag die restliche Zartbitterkuvertüre erneut schmelzen und temperieren (siehe Seite 18). Etwas Kuvertüre auf die Formen gießen und mit einer Palette glatt abstreichen. Etwa 30 Minuten in den Kühlschrank stellen. Sobald sich die Kuvertüre von der Form gelöst hat, Pralinen vorsichtig herausklopfen.

Eine Step-by-step-Anleitung zur Herstellung von Formpralinen finden Sie auf Seite 26.

Haselnuss-Knusperkugeln

Zutaten für 24 Stück

Zubereitung: ca. 90 Min. • Abkühlen: ca. 30 Min. • Aushärten: ca. 1 Stunde

1 großes Waffelblatt (ca. 29 × 23 cm)
360 g Nussnougatcreme
24 geröstete Haselnusskerne
250 g Vollmilchkuvertüre
60 g gehackte geröstete Haselnüsse

Außerdem:

Pralinenhalbschalen aus Silikon mit 3 cm Durchmesser

Für die Waffelhohlkörper aus der Waffelplatte 48 kleine Kreise mit einem Durchmesser von 3 cm ausstechen. Die Waffeln kurz in Wasser tauchen und 2 bis 3 Minuten beiseitelegen. Wenn sie weich sind, vorsichtig in die Mulden der Halbschalenform drücken und im Backofen bei 180 °C etwa 10 bis 15 Minuten backen, bis sie schön knusprig sind. Die Waffeln aus der Form lösen und abkühlen lassen.

Alle Waffelhalbkugeln mit der Nougatcreme füllen und in die Hälfte der Halbkugeln 1 Haselnuss drücken. Je eine Waffelhälfte mit und eine Hälfte ohne Haselnuss zusammensetzen und im Kühlschrank etwa 20 Minuten fest werden lassen.

Die Kuvertüre hacken, über dem heißen Wasserbad schmelzen und temperieren (siehe Seite 18). Die gehackten Haselnüsse unter die Kuvertüre mischen und die Waffelkugeln damit überziehen. Dafür in die Kuvertüre eintauchen, etwas abtropfen lassen und die Knusperkugeln auf Backpapier setzen. Aushärten lassen.

Nougatcreme

Für selbst gemachte Nougatcreme 120 g Haselnusspüree, 120 g Puderzucker, 80 g Zartbitterkuvertüre und 40 g Kokosfett zusammen über dem Wasserbad erhitzen und in einem Standmixer auf niedriger Stufe etwa 5 Minuten vermengen.

VEGANE HERZEN

... lassen sich problemlos mit veganer Butter und veganer Kuvertüre zubereiten.

Reismilch-Karamell-Herzen

Zutaten für 60 Stück

Zubereitung: ca. 90 Min. • Abkühlen: ca. 30 Min. • Aushärten: über Nacht + ca. 30 Min.

Für das Hibiskusgelee:

250 ml Hibiskustee (aus 2 Teebeuteln)

160 g Gelierzucker (2 : 1)

1 TL Zitronensaft

1 Msp. Zitronensäure

Für die Reismilchfüllung:

170 g weiße Kuvertüre

90 ml Reismilch

100 g Puderzucker

100 g Butter

25 ml Glukosesirup

Für die Hohlkörper:

50 g Kakaobutter

Schokoladenfarbe in Rot

100 g weiße Kuvertüre

300 g Zartbitterkuvertüre

Außerdem:

Pralinenformen nach Belieben

Am Vortag für das Hibiskusgelee den Tee mit Gelierzucker, Zitronensaft und Zitronensäure verrühren, aufkochen und etwa 1 Minute köcheln, dann abkühlen lassen.

Für die Reismilchfüllung die Kuvertüre hacken. Die Reismilch erhitzen. Den Puderzucker in einen Topf geben und bernsteinfarben karamellisieren. Vom Herd nehmen, die heiße Reismilch dazugeben, Butter und Glukosesirup unterrühren. Zur gehackten Kuvertüre gießen und mit dem Stabmixer blasenfrei homogenisieren. Die Masse abkühlen lassen.

Die Mulden der Pralinenformen mit Watte gründlich säubern. Für die Hohlkörper die Kakaobutter erhitzen, rot einfärben. Die Formen damit auspinseln. Fest werden lassen. Die weiße Kuvertüre hacken, über dem heißen Wasserbad schmelzen und temperieren (siehe Seite 18). Die Mulden damit dünn auspinseln. Fest werden lassen.

Die Zartbitterkuvertüre hacken, schmelzen und temperieren. Dann etwas Kuvertüre in die Mulden gießen und die überschüssige Kuvertüre sofort wieder ausgießen. Die wachsweiche Kuvertüre an den Kanten abkratzen und die Hohlkörper etwa 10 Minuten fest werden lassen. Die restliche Kuvertüre beiseitestellen.

Hibiskusgelee in einen Spritzbeutel füllen. Die Hohlkörper zur Hälfte damit füllen. Reismilchmasse in einen Spritzbeutel füllen. Die Pralinen bis etwa 1 mm unter den Rand damit füllen. Über Nacht fest werden lassen.

Am nächsten Tag die restliche Zartbitterkuvertüre erneut schmelzen und temperieren (siehe Seite 18). Die Formen mit einem Föhn 2 bis 3 Sekunden erwärmen. Etwas Kuvertüre auf die Formen gießen und mit einer Palette glatt abstreichen. Die Formen etwa 30 Minuten in den Kühlschrank stellen. Sobald sich die Kuvertüre von den Formen gelöst hat, die Pralinen vorsichtig herausklopfen.

Eine Step-by-step-Anleitung zur Herstellung von Formpralinen finden Sie auf Seite 26.

Akazien-Sesamkrokant-Würfel

Zutaten für 90 Stück

Zubereitung: ca. 2 Std. • Abkühlen: ca. 30 Min. • Aushärten: ca. 3 Std. + mind. 12 Std. + ca. 30 Min.

Für den Nougat-Sesamkrokant:

160 g Zucker

80 g Sesamsamen

400 g extraheller Nussnougat

20 g Vollmilchkuvertüre

Für die Akazienhonigmasse:

100 g Sahne

70 g Akazienhonig

170 g Zartbitterkuvertüre

160 g Vollmilchkuvertüre

Außerdem:

1 Pralinenrahmen mit 20 × 15 cm oder 4 Metallstäbe

300 g Vollmilchkuvertüre zum Bestreichen und Überziehen

geröstete Sesamsamen zum Bestreuen

temperierte Zartbitterschokolade zum Verzieren

Am Vortag für den Sesamkrokant den Zucker in einem Topf goldgelb schmelzen. Den Sesam zügig unterrühren. Die Masse auf Backpapier gießen. Kalt werden lassen und grob reiben. Das Nougat über dem Wasserbad oder in der Mikrowelle langsam flüssig werden lassen. Die Kuvertüre über dem Wasserbad schmelzen und unter das Nougat rühren. Den geriebenen Sesamkrokant untermischen.

Für die Akazienhonigmasse die Sahne mit dem Honig in einem Topf erhitzen. Beide Kuvertüresorten hacken, dazugeben, in der Sahne schmelzen und dabei alles zu einer homogenen Masse verrühren.

Ein Backblech mit Backpapier oder einer Silikonmatte belegen und einen Pralinenrahmen oder 4 Metallstäbe in der Größe 20 × 15 cm daraufsetzen. Die Honigmasse hineingießen. Fest werden lassen. Die Nougat-Sesamkrokant-Masse auf der Honigmasse verstreichen. Mindestens 12 Stunden, am besten über Nacht, an einem kühlen Ort fest werden lassen.

Am nächsten Tag den Pralinenrahmen oder die Metallstäbe lösen und abheben. Die Vollmilchkuvertüre zum Bestreichen und Überziehen hacken, über dem Wasserbad schmelzen und temperieren (siehe Seite 18). Die Pralinenplatte dünn damit bestreichen, fest werden lassen. Dann die Platte wenden, die andere Seite dünn mit Kuvertüre bestreichen und fest werden lassen.

Die Pralinenplatte mit einem angewärmten Messer in etwa 2,5 × 2,5 cm große Pralinen schneiden. Die restliche Kuvertüre erneut erhitzen und temperieren und die Pralinen damit überziehen. Dafür in die Kuvertüre eintauchen, überschüssige Kuvertüre abtropfen lassen und die Pralinen auf Backpapier setzen. Sofort mit geröstetem Sesam bestreuen und nach Belieben mit feinen Linien Zartbitterschokolade verzieren, sobald die Kuvertüre fest ist.

Eine Step-by-step-Anleitung zur Herstellung von Schnittpralinen finden Sie auf Seite 32.

Whiskypralinen

Zutaten für ca. 30 Stück

Zubereitung: ca. 90 Min. • Abkühlen: ca. 1–2 Std. + 30 Min. • Aushärten: mind. 12 Std.

Für die Füllung:

100 g Zartbitterkuvertüre

20 g Vollmilchkuvertüre

100 g Sahne

15 g Butter

2 EL Whisky

Für die Hohlkörper:

50 g weiße Kuvertüre

250 g Zartbitterkuvertüre

Außerdem:

Pralinenformen nach Belieben

Am Vortag für die Füllung beide Kuvertüren klein hacken und in eine Schüssel geben. Sahne und Butter in einem Topf aufkochen, zur gehackten Kuvertüre geben. Die Kuvertüre darin schmelzen, die Masse dabei glatt rühren. Den Whisky untermischen. Die Füllung zugedeckt an einem kühlen Ort 1 bis 2 Stunden abkühlen lassen.

Die Mulden der Pralinenformen mit Watte gründlich säubern. Für die Hohlkörper die weiße Kuvertüre temperieren (siehe Seite 18). In eine kleine Spritztüte füllen (siehe Seite 22) und einen weißen Punkt in die Mulden der Pralinenform spritzen. Fest werden lassen. Die Zartbitterkuvertüre hacken, schmelzen und temperieren. Die Mulden dünn damit auspinseln. Dann etwas Kuvertüre in die Mulden gießen und überschüssige Kuvertüre sofort wieder ausgießen. Die wachsweiche Kuvertüre an den Kanten abkratzen und die Hohlkörper 10 Minuten fest werden lassen. Die restliche Kuvertüre beiseitestellen.

Die spritzfähige Whiskyfüllung in einen Spritzbeutel füllen und, bis etwa 1 mm unter den Rand, in die Hohlkörper spritzen. An einem kühlen Ort mindestens 12 Stunden, am besten über Nacht, fest werden lassen.

Am nächsten Tag die übrige Zartbitterkuvertüre hacken, schmelzen und temperieren. Die Formen mit einem Föhn 2 bis 3 Sekunden erwärmen. Etwas Zartbitterkuvertüre auf die Formen gießen und mit einer Palette glatt abstreichen. Die Formen etwa 30 Minuten in den Kühlschrank stellen. Sobald sich die Whiskypralinen von den Formen gelöst haben, vorsichtig herausklopfen.

Eine Step-by-step-Anleitung zur Herstellung von Formpralinen finden Sie auf Seite 26.

TIPP

Sie können anstelle von Whisky auch einen feinen Cognac unter die Füllung mischen.

Leckere Resteverwertung

Pralinenpudding

Zutaten für 4 Personen
Zubereitung: ca. 15 Min.
Abkühlen: ca. 1 Std.

½ Päckchen Vanillepuddingpulver

½ l Milch

1 EL Zucker

100 g Pralinenabschnitte (von Schnittpralinen, z. B. mit Trüffel- oder Nougatfüllung)

Das Vanillepuddingpulver mit etwas kalter Milch anrühren. Die restliche Milch mit dem Zucker in einem Topf aufkochen. Die Pralinenabschnitte dazugeben und unter Rühren schmelzen, bis sie sich ganz aufgelöst haben. Das angerührte Puddingpulver dazugeben und den Pudding damit binden.

Den Pudding in eine große Schüssel geben oder auf vier kleine Dessertschalen verteilen. Sofort mit Frischhaltefolie zudecken. Die Folie direkt auf den Pudding auflegen, dann bildet sich keine Haut. Den Pralinenpudding 1 Stunde kühl stellen.

Schokoladenlollis

Zutaten für 4 Stück
Zubereitung: ca. 30 Min.
Aushärten: ca. 20 Min.
Abkühlen: ca. 10 Min.

100 g weiße, Vollmilch- oder Zartbitterkuvertüre

4 Lollistiele

1 EL gehackte Pistazien, Haselnusskrokant oder Kakaonibs

Die Kuvertüre hacken, schmelzen und temperieren (siehe Seite 18). Zwei Stücke Frischhaltefolie, etwa 15 × 35 cm, auf die Arbeitsfläche legen. Die Kuvertüre mithilfe eines Löffels in vier Streifen von etwa 3 × 9 cm auf einem Stück Folie verteilen.

Je 1 Lollistiel bis zur Mitte auflegen und leicht in die Kuvertüre eindrehen. Pistazien, Krokant oder Kakaonibs daraufstreuen. Den zweiten Folienstreifen darauflegen und leicht andrücken. Die Kuvertüre 20 Minuten aushärten lassen, dann die Schokolollis 10 Minuten in den Kühlschrank stellen. Die Folie abziehen.

Schokoladenfrüchte

Zutaten für 2 Personen
Zubereitung: ca. 30 Min.
Aushärten: ca. 20 Min.

250 g Obst (z. B. Ananas, Melone, Mandarinen, Erdbeeren, Trauben, Himbeeren, Kiwi)

200 g weiße, Vollmilch- oder Zartbitterkuvertüre

Holzspieße

Streusel oder gefärbte Kuvertüre

bunter Zucker zum Servieren

Das Obst, je nach Sorte, waschen bzw. schälen und in mundgerechte Stücke schneiden. Die Kuvertüre hacken, schmelzen und temperieren (siehe Seite 18).

Die Obststücke auf Holzspieße stecken und ganz oder nur teilweise in die Kuvertüre tauchen. Nach Belieben mit Streuseln oder gefärbter Kuvertüre verzieren. Die Kuvertüre 20 Minuten aushärten lassen. Die Schokoladenfrüchte zum Servieren in ein Glas mit buntem Zucker stellen.

SCHOKOFONDUE

Sie können die Schokoladenfrüchte auch als Fondue zubereiten. Dafür einfach geschmolzene Kuvertüre und Früchte auf den Tisch stellen, Obst aufspießen, in Kuvertüre eintauchen, ablaufen lassen und die Schokofrüchte genießen.

Bezugsquellen

Kochen, Backen, Selbermachen ist angesagt. Deshalb gibt es mittlerweile sogar schon im Supermarkt ein großes Angebot an Zutaten zum Herstellen und Dekorieren von Pralinen. Pralinenformen sowie anderes Pralinenwerkzeug bekommt man ebenfalls meist problemlos im Haushaltswarengeschäft. Weit mehr als ein Standardsortiment haben die folgenden Bezugsquellen aus dem Internet zu bieten. Dort, aber natürlich auch im Fachhandel und auf anderen Seiten im Netz, findet man von besonderen Pralinenzutaten über ausgefallene Dekorfolien bis hin zu speziellen Küchenhelfern wirklich alles, was das Herz begehrt.

Pati-Versand (www.pati-versand.de)

Viel Pralinenzubehör und Zutaten in Kleinstmengen.

Cardin Deko (www.cardin-deko.de)

Viel Pralinenzubehör und Zutaten in Kleinstmengen.

Bos Food (www.bosfood.de)

Spezialitäten im Food-Bereich.

Spirit of Spice (www.spirit-of-spice.de)

Tolle, erlesene und ausgefallene Gewürze.

Amazon (www.amazon.de)

Verschiedene Fruchtpürees und immer, wenn es mal schnell gehen muss.

Walterverpackungen
(www.walter-verpackungen.de)

Verschiedene Pralinenverpackungen – von einfach bis besonders.

Glossar

Flüssigfondant

Dieser Fondant besteht bis zu 90 % aus Zucker und wird mit Glukosesirup und Wasser in einem industriellen Prozess erhitzt, dann abgekühlt und tabliert, das heißt so lange gewendet oder gerührt, bis er milchig-weiß ist. Das Ergebnis ist eine dickflüssige Zuckermasse, die man zum Glasieren von Gebäck oder aber für verschiedene Füllungen verwendet. Hat nichts mit dem festen Rollfondant zu tun.

Ganache

So nennt man die klassische Pralinenfüllung, die hauptsächlich aus Kuvertüre und Sahne besteht. Wie man sie zubereitet, steht auf Seite 20.

Hohlkugeln und Hohlkörper

Pralinenhohlkugeln und Hohlkörper zum Befüllen gibt es in vielen verschiedenen Ausfertigungen. Man bestellt sie am besten online (Adressen siehe Seite 158). Es gibt sie in weißer, Vollmilch- und Zartbitterkuvertüre – auch mit Waffelboden. Es sind in der Regel 63 Stück auf einer Lage.
Hohlkugeln werden gefüllt, verschlossen und in Kuvertüre getaucht (siehe Seite 29). Wenn es schnell gehen soll, gibt es auch fertig dekorierte Hohlkugeln, die nur gefüllt und verschlossen werden müssen. Hohlkörper gibt es in verschiedenen Formen, zum Beispiel eckig, rund oder oval, als Sterne, Tannenbaum oder Herzen. Man kann sie fertig kaufen und füllen oder mit Silikonformen selber machen (siehe Seite 26).

Invertzucker und Glukosesirup

Mit der Zugabe von verschiedenen Zuckerarten mit unterschiedlichem Süßungsgrad werden Pralinenfüllungen haltbarer gemacht und das Auskristallisieren des Zuckers unterbunden. Auch die Bindung und Weichhaltung wird beeinflusst.
Invertzucker besteht aus Frucht- und Traubenzucker. Mithilfe von Wasser, Zitronensäure und Natron wird der Zucker chemisch gespalten. Der Zuckergehalt beträgt etwa 65 bis 75 %. Glukosesirup wird in einem hochtechnischen Verfahren durch die Verzuckerung von Mais- oder Kartoffelstärke hergestellt. Die Süßkraft beträgt nur etwa 1 : 3 gegenüber Haushaltszucker. Als Glukoseersatz kann man 1 : 1 Agavensirup oder Honig verwenden. Dabei beachten, dass besonders Honig mehr Eigengeschmack hat.

Kuvertüre

Kuvertüre wird aus Kakaomasse, Zucker, Kakaobutter, Lezithin und Vanille hergestellt. Fremdfette sind, im Gegensatz zu Schokolade, nicht erlaubt.

Die Qualität einer Kuvertüre hängt zu einem großen Teil von den verwendeteten Kakaobohnen ab. Es gibt den Konsumkakao, der reichlich angebaut wird. Und es gibt exklusive Sorten, wie etwa die Criollo, die vergleichsweise sehr wenig angebaut wird. Bei edlen Produkten gibt es viele sortenreine Kuvertüren mit besonderen Kakaobohnen – und dadurch ergibt sich ein höherer Preis.

Genauso wichtig wie die Sorte ist die Verarbeitung, das sogenannte Conchieren. Dabei wird die Kuvertüre über viele Stunden langsam bei Wärme hin und her bewegt oder gewalzt.

Hochwertige Kuvertüre wird über 20, 30 oder 40 Stunden conchiert. Dabei wird sie immer feiner im Schliff, man fühlt mit der Zunge keine Körnigkeit mehr, der zarte Schmelz und Geschmack entwickelt sich. Man merkt den Qualitätsunterschied. Ein höherer Preis ist also je nach Rohstoff und Verarbeitung durchaus gerechtfertigt.

Auf hochwertiger dunkler Kuvertüre steht manchmal das Mischungsverhältnis durch eine Kombination aus drei Zahlen. Die erste Zahl verrät den prozentualen Anteil an Kakaomasse, die zweite den Zuckeranteil und die dritte den Gesamtfettanteil. Je dunkler die Kuvertüre, desto höher der Kakaogehalt, zum Beispiel bei Vollmilchkuvertüre 37 %, Zartbitterkuvertüre 70 %. Bei der weißen Kuvertüre gibt es statt des Kakaoanteils einen Anteil an Milchpulver. Je höher der Fettanteil, desto flüssiger wird die Kuvertüre beim Erhitzen, umso besser eignet sie sich zum Beispiel zum Überziehen von Pralinen.

Kuvertüre ist bei der Zubereitung von Pralinen der Schokolade vorzuziehen: Sie hat ein besseres Fließverhalten bei der Verarbeitung, einen härteren Bruch, was sie beim Reinbeißen schön knacken lässt, und eine angenehmere Wahrnehmung im Mund, weniger trocken, dafür zart schmelzend.

Marzipan

Marzipan besteht aus Marzipanrohmasse und Zucker. Marzipanrohmasse ist eine Mischung aus zwei Teilen Mandeln und einem Teil Zucker. Der Zuckeranteil darf höchstens 35 % sein. Die Rohmasse darf maximal 17 % Feuchtigkeit und muss mindestens 28 % Mandelöl enthalten. Je besser die Qualität, desto weniger Zucker enthält die Marzipanrohmasse. Die beste Qualität enthält nur den Zucker aus den Mandeln. Man nennt es 100 : 0 oder 100 % Marzipan. Die nächste Stufe ist das Lübecker Edelmarzipan, es wird ausschließlich in Lübeck hergestellt und ist ein 90 : 10 Marzipan, besteht also aus 90 % Marzipanrohmasse und 10 % Zucker. An dritter Stelle steht das Edelmarzipan mit einem Verhältnis 70 : 30. Hochwertiges Marzipan mit einem hohen Mandelanteil erkennt man an der Farbe. Es ist leicht gelblich, während Marzipan mit einem hohen Zuckergehalt eher weiß aussieht.

Nougat

Nussnougat bringt Pralinen einen besonderen Schmelz und ein feinnussiges Aroma. Es besteht zum größten Teil aus Haselnüssen oder Mandeln sowie aus Kakaobutter und Kakaomasse. In Deutschland enthält Nougatmasse nach dem Lebensmittelrecht höchstens 2 % Feuchtigkeit, höchstens 50 % Zucker und mindestens 30 % Fett. Bei Mandelnougat gelten die gleichen Bestimmungen, nur der Fettgehalt muss mindestens 28 % sein.

Ein wichtiger Prozess ist das feine Walzen der Mischung auf Stahlwalzwerken. Je feiner die Einstellung, desto besser die Struktur. Das Verbinden aller Bestandteile wird durch das Erwärmen auf eine bestimmte Temperatur und durch das intensive Verrühren erreicht. Man nennt es Versalbung. Je länger der Vorgang dauert, desto homogener, zarter schmelzend und gießfähiger wird die Nougatmasse. Das hat einen großen Einfluss auf die Qualität. Der Unterschied zwischen hellem und dunklem Nussnougat besteht in der Mengenzugabe der Kakaomasse. Der Zuckeranteil ist bei beiden gleich.

Pektin, Agar-Agar

Geliermittel für vegane Pralinen.

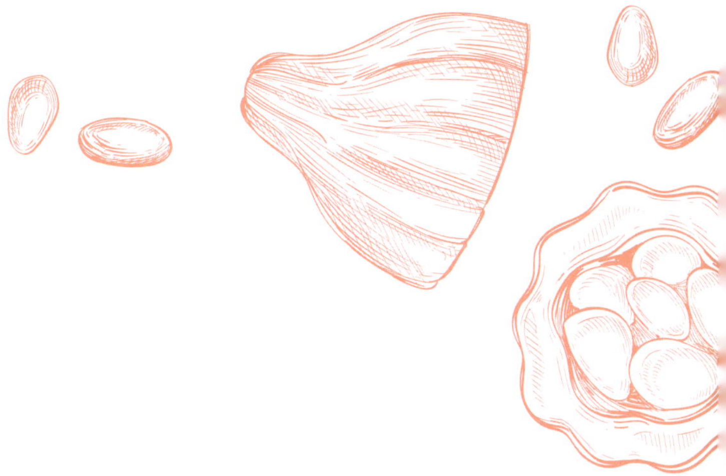

Pralinenformen

Formen zum Gießen von Pralinen gibt es aus Kunststoff oder Silikon. Die Polycarbonatformen aus Kunststoff werden vor Gebrauch mit Watte poliert. Die Pralinen lösen sich sehr leicht aus der Form. Die Formen sind nicht spülmaschinenfest. Aus Silikonformen lassen sich die Pralinen ebenfalls leicht lösen. Silikonformen sind spülmaschinenfest.

Saccharose

Saccharose wird umgangssprachlich Haushaltszucker, Kristallzucker oder einfach Zucker genannt. In Deutschland wird Saccharose aus der Zuckerrübe gewonnen.

Schokolade

Schokolade wird aus Kakaomasse, Zucker, Kakaobutter, Lezithin, Vanille sowie maximal 5 % Fremdfett, zum Beispiel Kokosfett, hergestellt. Für Kuvertüre ist Fremdfett verboten. Schokolade muss mindestens 18 % Kakaobutter enthalten, Kuvertüre mindestens 31 %.

Schokoladenfarben

Das sind spezielle Farben, die fettlöslich sind. Schokoladenfarben werden auf Fettbasis hergestellt, es gibt sie flüssig oder in Pulverform. Herkömmliche Lebensmittelfarben sind wasserlöslich und damit zum Färben von Schokolade oder Kuvertüre ungeeignet.

Zuckersirup, Läuterzucker

Zuckersirup wird im Fachjargon auch als Läuterzucker bezeichnet und wird nur aus Wasser und Zucker im Verhältnis 1:1 hergestellt. Man verwendet ihn überall, wo man Zucker nicht auflösen kann und Kristalle unerwünscht sind.

Rezeptregister

Stichwortregister

ZUR AUTORIN

Wenn sie lacht, muss man einfach mitlachen. Wenn sie ihre süßen Geheimnisse preisgibt, gerät selbst der konsequenteste Asket in einen Süßrausch. Die Konditormeisterin, Kochbuchautorin und Unternehmerin **Angelika Willms (ehem. Schwalber)** stammt aus einer traditionsreichen Landwirtschaftsfamilie. Herzlichkeit und Ausstrahlung gehören zu ihr wie ihr Faible fürs Backen. Beim German Chocolate Master sorgte sie für Furore, beim BR moderiert sie „Herzhaft & süß" - im Duett mit Alfons Schuhbeck.

IMPRESSUM

Hinter jedem tollen Buch steckt ein starkes Team

Projektleitung: *Ina Stewart*
Rezepte: *Angelika Schwalber*
Lektorat: *Katharina Lisson (Vorgänger-Ausgabe), Christiane Kührt (Neuauflage)*
Covergestaltung: *Catharina Burmester*
Grafische Gestaltung und Satz: *Catharina Burmester und Irene Schulz*
Fotografie: *Julia Hoersch (Vorgänger-Ausgabe), Coco Lang (Neuauflage) - siehe Bildnachweis*
Foodstyling: *Petra Speckmann (für Julia Hoersch)*
Styling: *Maria Grossmann (für Julia Hoersch), Natascha Sanwald (für Coco Lang)*
Herstellung: *Frank Jansen*
Producing: *Jan Russok*
Druck & Bindung: *optimal media GmbH, Röbel*

Weitere Bücher der Autorin:

- Weihnachtsplätzchen
- Sweeties für den Thermomix®

2. Auflage 2023 der aktualisierten Neuausgabe von
ISBN: 978-3-89883-590-9

Kaiserstraße 14 b, D-80801 München
ISBN: 978-3-96584-255-7

BILDNACHWEIS

Umschlag, Vor- u. Nachsatz: shutterstock adehoidar; S. 2, 6, 38f., 78f., 118f, 161: shutterstock Olli_may; S. 4, 9, 11, 13, 15, 17f., 20-27, 29-32, 34f., 41, 48, 58, 62, 75, 77, 83, 91, 94, 99, 102, 104, 111, 117 o.r., u.l., u.r., 127, 130, 138, 142, 144, 155, 157:Julia Hoersch; S. 28, 36f., 42f., 47, 50, 52, 55f., 61, 64, 67f., 71, 73, 81, 85f., 88, 93, 96, 100, 107f., 113f., 117 o.l., 121, 123f., 129, 132, 134, 137, 141, 146, 148, 150, 153: Coco Lang; diese Seite (Porträtfoto): Sandra Seifen Fotografie

FOOD FOTOS

Im Buch enthaltene Fotos können zur eigenen Nutzung erworben werden unter ***www.stockfood.de***

LIEBE LESER, LIEBE LESERINNEN

wie schön, dass Sie ein Buch von ZS in den Händen halten. „jetzt leben!“ ist das Motto unseres Verlages. Es steht für Genuss und Inspiration, Unterstützung und Motivation. Ob Kulinarik oder Fitness, Gesundheit oder Lebenshilfe – seit über 30 Jahren bieten wir kompetente Ratgeber für (fast) alle Lebenslagen. Wir lieben Tradition genauso wie Innovation – sie treiben uns an. Unsere Autorinnen und Autoren sind Menschen, die zu ihrem Thema wirklich etwas zu sagen und zu schreiben haben. Unsere Produkte sind erzählerisch, appetitmachend und als gedruckte Bücher haptisch echte Erlebnisse. Für Sie mit ganz viel Liebe gemacht! Entdecken Sie mehr aus unserer wunderbaren Welt!

UNSER VERLAGSHAUS

Mit Standorten in Hamburg und München zählt die Edel Verlagsgruppe zu den größten unabhängigen Buchanbietern Deutschlands. Zur Edel Verlagsgruppe gehört unter anderem ZS mit seinen Lizenzmarken Dr. Oetker Verlag, Kochen & Genießen und Phaidon by ZS.

ZS – Ein Verlag der Edel Verlagsgruppe
www.zsverlag.de
www.facebook.com/zsverlag
www.instagram.com/zsverlag

FÜR DIE UMWELT

ZS unterstützt bei der Produktion dieses Buches das Projekt „Junge Riesen für die nächsten 100 Jahre“ im Naturpark Nossentiner/Schwinzer Heide. Damit wird ein Anteil der unvermeidbaren CO_2-Emissionen im direkten Umfeld des Produktionsstandortes kompensiert.

PARTNER
Naturpark Nossentiner/Schwinzer Heide
www.optimal-media.com/naturschutzprojekt-001

NEWSLETTER

Was koche ich denn heute Feines? Und wie geht das – schmackhaft und gesund?

Melden Sie sich jetzt zum ZS-Genuss-Service an und verpassen Sie keine kulinarischen und gesundheitlichen Trends mehr.
Wir informieren Sie regelmäßig über unsere Neuerscheinungen, Aktionen oder Gewinnspiele und verraten Ihnen unsere Lieblingsrezepte!

GEWINNEN

Unter allen Neuabonnierenden verlosen wir jeden Monat eine *ZS-Genuss-Box* im Wert von 75,00 €.

Jetzt anmelden unter:
www.zsverlag.de/newsletter
oder den QR Code scannen:

ANMELDEN!